HÙDÒNG　HÀNYǓ

互 动 汉 语

Interactive Chinese

JĪNGDÚ KÈBĚN
精 读 课 本 （中）
Intensive Reading （Ⅱ）

本书编写组　编

华语教学出版社
SINOLINGUA

责任编辑：任　蕾
英文编辑：郭　辉
封面设计：李　佳
插　　图：张　晗
印刷监制：佟汉冬

图书在版编目（CIP）数据

互动汉语. 精读课本. 中:汉英对照 /《互动汉语》编写组编. —北京:华语教学出版社，
2009
ISBN 978-7-80200-416-0

Ⅰ. 互… Ⅱ. 互… Ⅲ. 汉语—对外汉语教学—教材　Ⅳ. H195.4

中国版本图书馆 CIP 数据核字（2008）第 169579 号

互动汉语
精读课本（中）
《互动汉语》编写组
＊
©华语教学出版社
华语教学出版社出版
（中国北京百万庄大街 24 号　邮政编码 100037）
电话: (86)10-68320585
传真: (86)10-68326333
网址:www.sinolingua.com.cn
电子信箱:hyjx@sinolingua.com.cn
北京外文印刷厂印刷
中国国际图书贸易总公司海外发行
（中国北京车公庄西路 35 号）
北京邮政信箱第 399 号　邮政编码 100044
新华书店国内发行
2004 年（16 开）第一版
2009 年第二版
2011 年第二版第 3 次印刷
（汉英）
ISBN 978-7-80200-416-0

目 录

Contents

I

Nǐ　Hànyǔ shuō de zhēn　liúlì
第 1 课　你 汉 语 说 得 真 流 利
Lesson 1　You Speak Chinese Fluently

Dialogue

Dàshān:　Nǐ　shì shénme shíhou　lái Zhōngguó de?
大 山：你 是 什 么 时 候 来 中 国 的？
Da Shan:　When did you come to China?

Mǎlì:　Qùnián　jiǔyuè　yī hào.
玛 丽：去 年 9 月 1 号。
Mary:　I came on September 1ˢᵗ last year.

Dàshān:　Nǐ　Hànyǔ shuō de zhēn　liúlì.
大 山：你 汉 语 说 得 真 流 利。
Da Shan:　You speak Chinese fluently.

Mǎlì:　Nǎlǐ　nǎlǐ.
玛 丽：哪 里 哪 里。
Mary:　I am flattered.

Dàshān:　Nǐ　juéde　Hànyǔ nán ma?
大 山：你 觉 得 汉 语 难 吗？
Da Shan:　Do you think it's hard to learn Chinese?

Mǎlì:　Hànyǔ　yǔfǎ　hé　fāyīn　dōu hěn róngyì,　kěshì　Hànzì　hěn nán
玛 丽：汉 语 语 法 和 发 音 都 很 容 易，可 是 汉 字 很 难
xiě.
写。

1

Mary: The grammar and pronunciation are easy, but the Chinese characters are difficult to write.

Dàshān: Nǐ cānjiāguo Hànyǔ shuǐpíng kǎoshì ma?
大 山： 你 参 加 过 汉 语 水 平 考 试 吗？
Da Shan: Have you taken the HSK?

Mǎlì: Cānjiāguo, wǒ kǎole sì jí.
玛 丽： 参 加 过，我 考 了 四 级。
Mary: Yes, I passed the fourth level.

Dàshān: Nǐ zhēn liǎobuqǐ.
大 山： 你 真 了 不 起。
Da Shan: You're great.

Lǐ Nà: Jīntiān de wǎnhuì nǐ zuì xǐhuan nǎge jiémù?
李 娜： 今 天 的 晚 会 你 最 喜 欢 哪 个 节 目？
Li Na: Which performance is your most favorite in the party tonight?

Zhāng Huá: Wǒ zuì xǐhuan cánjírén biǎoyǎn de wǔdǎo "Qiān Shǒu Guānyīn".
张 华： 我 最 喜 欢 残 疾 人 表 演 的 舞 蹈 "千 手 观 音"。
Zhang Hua: My favorite is the dance "Thousand-hand Kwan-yin", which is performed by the disabled artists.

Lǐ Nà: Zhèxiē cánjírén tài liǎo-
李 娜： 这 些 残 疾 人 太 了
buqǐ le, wǒ zhēn bù
不 起 了，我 真 不
gǎn xiāngxìn tāmen shì cán-
敢 相 信 她 们 是 残
jírén.
疾 人。
Li Na: They are so great, and I can't believe they are disabled.

ZhāngHuá: Tāmen biǎoyǎn de tài jīngcǎi le!

张 华： 她们 表演 得 太 精彩 了!

Zhang Hua: They perform so splendidly!

Lǐ　Nà: Wǒ cónglái méi kànguo zhème gǎnrén de jiémù, wǒ dì-yī cì

李 娜： 我 从来 没 看 过 这么 感人 的 节目，我 第一 次

　　　　kàn de shíhou, dōu gǎndòng de kū le.

看 的 时候，都 感动 得 哭 了。

Li Na: Never have I seen such a moving performance. I was moved to tears when I watched it for the first time.

New Words

1. 说	shuō	*v.*	speak
2. 得	de	*part.*	a structural particle
3. 流利	liúlì	*adj.*	fluent
4. 哪里	nǎlǐ	*pron.*	just so so
5. 难	nán	*adj.*	hard
6. 语法	yǔfǎ	*n.*	grammar
7. 发音	fāyīn	*n.*	pronunciation
8. 容易	róngyì	*adj.*	easy
9. 汉字	Hànzì	*n.*	Chinese character
10. 写	xiě	*v.*	write
11. 参加	cānjiā	*v.*	take
12. 水平	shuǐpíng	*n.*	level
13. 考试	kǎoshì	*n.*	examination
14. 考	kǎo	*v.*	test
15. 级	jí	*n.*	level
16. 了不起	liǎobuqǐ	*adj.*	great
17. 晚会	wǎnhuì	*n.*	party
18. 最	zuì	*adv.*	most

19. 节目	jiémù	*n.*	performance
20. 残疾	cánjí	*n.*	disability
21. 表演	biǎoyǎn	*v.*	perform
22. 舞蹈	wǔdǎo	*n.*	dance
23. 千手观音	Qiān Shǒu Guānyīn	*pn.*	Thousand-hand Kwan-yin
24. 敢	gǎn	*v.*	dare
25. 相信	xiāngxìn	*v.*	believe
26. 精彩	jīngcǎi	*adj.*	splendid
27. 从来	cónglái	*adv.*	ever
28. 感人	gǎnrén	*adj.*	moving
29. 感动	gǎndòng	*v.*	move
30. 哭	kū	*v.*	cry

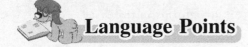

Language Points

① 汉语水平考试
Hanyu Shuiping Kaoshi (HSK), Chinese Proficiency Test

汉语水平考试：简称 HSK

Hanyu Shuiping Kaoshi (the Chinese Proficiency Test): abbreviated as HSK

② 哪里哪里
(politely responding to thanks or praise given) not at all

"哪里哪里"常用于口语,可单独使用,也可以重叠,表示对方过奖,以示谦虚。

"哪里哪里" is usually used in oral language. It may be used alone or reduplicated to show modesty, meaning the other party over praises.

③ 了不起
Amazing; terrific; extraordinary

形容大大超过寻常,很突出。

It means outstanding, showing that something exceeds normal standard. For example:

你的汉语水平很了不起。

Your Chinese is great.

王老师是个了不起的人。

Miss Wang is a great person.

他会说英语、法语和汉语，真了不起。

He can speak English, French and Chinese. He is so great.

4 情态补语：
Modal complement

情态补语用在动词或形容词后边，表示对动作状态的描写、情况的说明与评价。补语前要用"得"，补语一般由动词、形容词及其它词组充当。如：

It follows verbs or adjectives to indicate the description, explanation or estimation of the state of action. "得" is used before the modal complement, and it is usually served by verbs, adjectives or other phrases. For example:

你汉语说得真流利。

You speak very good Chinese.

我感动得哭了。

I was moved to tears.

昨天晚上我睡得很晚。

I didn't get sleep until late last night.

5 用"最"的比较句
Comparative sentences with "最"

副词"最"表示比较，意思是"超过所有同类事物"。如：

The adverb "最" indicates comparison and means "exceeding all the other same things". For example:

我最喜欢跳舞。

I like dancing best.

这个节目表演得最好。

This performance is the best.

杰克汉语说得最流利。

Jack speaks Chinese the most fluently.

5 副词"从来"
The adverb "从来"

表示从过去到现在都如此，多用于否定句。后面常常有否定副词"不"或"没有"。如：
The adverb "从来" indicates that it's always been the same state from the past to the present. It is usually used in a negative sentence. The negative adverb "不" or "没有" often follows it. For example:

我从来没看过这么感人的节目。

I have never seen such moving performance.

我从来没去过中国。

I have never been to China.

我从来不喜欢喝咖啡。

I never like drinking coffee.

 **Exercises**

一 连线组词
Link the matching characters into words

流　　发　　容　　语　　参　　感　　舞

音　　利　　易　　蹈　　动　　加　　法

二　选择恰当的词语填空
Fill in the blanks with proper word

1) 你汉语说(　　)真流利。
   A. 了　　　　　　　　B. 的　　　　　　　　C. 得

2) 我是(　　)来中国的。
   A. 9 月 8 号 2006 年　B. 2006 年 9 月 8 号　C. 8 号 2006 年 9 月

3) 你以前来(　　)北京吗?
   A. 得　　　　　　　　B. 了　　　　　　　　C. 过

4) 杰克参加了汉语水平考试,他得了四(　　)。
   A. 块　　　　　　　　C. 条　　　　　　　　D. 级

5) 今天的晚会你(　　)喜欢哪个节目?
   A. 最　　　　　　　　B. 很　　　　　　　　C. 太

6) A: 你汉语说得真好!
   B: (　　)
   A. 哪个哪个　　　　　B. 那儿那儿　　　　　C. 哪里哪里

7) 我从来(　　)看过这本书。
   A. 不　　　　　　　　B. 没　　　　　　　　C. 就

8) 我看残疾人表演的时候,都(　　)得哭了。
   A. 感动　　　　　　　B. 感人　　　　　　　C. 感冒

三　读一读,加点字的读音、意思一样吗?
Read aloud, do the dotted characters have the same pronunciation and meaning?

A. 你来中国才一年,HSK 就考了四级,真了不起。

B. 杰克学了两本汉语书了。

A. 大山汉语说得真流利。
B. 玛丽发烧了,得去医院看看。
C. 玛丽参加了汉语水平考试,她得了四级。

四 选择正确的语序
Choose the sentences with correct word orders

1）A. 杰克汉语说得真流利
  B. 杰克说汉语得真流利
  C. 杰克真流利得说汉语
  D. 杰克说得汉语真流利

2）A. 你什么时候来是中国的
  B. 你是什么时候来中国的
  C. 你什么时候是中国来的
  D. 你来中国的是什么时候

3）A. 你最喜欢哪个节目
  B. 最你喜欢哪个节目
  C. 你喜欢最哪个节目
  D. 你喜欢哪个节目最

4）A. 没从来张华看过这么有意思的书
  B. 张华从来没看过这么有意思的书
  C. 张华没看过从来这么有意思的书
  D. 这么有意思的书从来张华没看过

5）A. 汉语发音很容易,可是汉字写很难
  B. 汉语发音很容易,汉字可是很难写
  C. 汉语发音很容易,可是汉字很难写
  D. 汉语发音很容易,汉字可是写很难

第2课　Qǐng nǐ màn diǎnr shuō
请你慢点儿说
Lesson 2　Please Say It More Slowly

 **Dialogue**

Mǎlì:　Qǐng wèn, qù yóujú zěnme zǒu?
玛　丽：请问，去邮局怎么走？
Mary:　Excuse me, could you tell me how to get to the post office?

Guòlùrén:　Cóng zhèr wǎng dōng zǒu wǔshí mǐ, yǒu yí ge shízì lùkǒu,
过 路 人：从 这 儿 往 东 走 五 十 米，有 一 个 十 字 路 口，
guòle shízì lùkǒu, wǎng běi guǎi, yǒu yì jiā xiǎo yīyuàn,
过 了 十 字 路 口，往 北 拐，有 一 家 小 医 院，
yīyuàn duìmiàn jiùshì yóujú.
医 院 对 面 就 是 邮 局。

Passerby:　Go east for fifty meters from here till a crossroads. Pass the crossroads and turn north, you can see a hospital and the post office is on the opposite.

Mǎlì:　Duìbuqǐ, nǐ shuō de tài
玛　丽：对 不 起，你 说 得 太
kuài le, wǒ méi jìzhù.
快 了，我 没 记 住。
Qǐng nǐ màn diǎnr shuō.
请 你 慢 点 儿 说。

Mary: I'm sorry, but you spoke so fast that I didn't follow. Please say it more slowly.

Guòlùrén: Ō, wǒ wàngle nǐ shì ge wàiguórén, wǒ zài shuō yí biàn.

过 路 人： 噢，我忘了你是个外国人，我再说一遍。

Passerby: Oh, I forget you're a foreigner, I'll repeat it.

Dàshān: Wǒ xiǎng jì xìn, kěshì bù zhīdào tiē duōshao qián de yóupiào.

大 山： 我想寄信，可是不知道贴多少钱的邮票。

Da Shan: I'd like to mail a letter, but I don't know how much I should pay for the stamps.

Yíngyèyuán: Nín wǎng nǎr jì?

营 业 员： 您往哪儿寄？

Clerk: Where do you mail to?

Dàshān: Jìdào Měiguó Niǔyuē.

大 山： 寄到美国纽约。

Da Shan: To New York in the United States.

Yíngyèyuán: Jì hángkōng háishi jì hǎiyùn?

营 业 员： 寄航空还是寄海运？

Clerk: Do you want to mail it by air or by sea?

Dàshān: Jì hángkōng ba.

大 山： 寄航空吧。

Da Shan: By air.

Yíngyèyuán: Nín zhè fēng xìn xūyào wǔ yuán qián.

营 业 员： 您这封信需要五元钱。

Clerk: Your letter costs five *yuan*.

Dàshān: Gěi nín qián.

大 山： 给您钱。

Da Shan: Here is the money.

Yíngyèyuán:　Shōu nín shí kuài, zhǎo nín wǔ kuài.　Zhè shì yóupiào.

营业员：　收 您 十 块，找 您 五 块。 这 是 邮 票。

Clerk:　It's ten *yuan*, and I give you five *yuan* of change. These are your stamps.

New Words

1. 慢	màn	*adj.*	slow
2. 邮局	yóujú	*n.*	post office
3. 走	zǒu	*v.*	go / walk
4. 过路人	guòlùrén	*n.*	passerby
5. 从	cóng	*prep.*	from
6. 这儿	zhèr	*pron.*	here
7. 往	wǎng	*prep.*	to
8. 东	dōng	*n.*	east
9. 米	mǐ	*mw.*	meter
10. 十字路口	shízì lùkǒu		crossroads
11. 北	běi	*n.*	north
12. 拐	guǎi	*v.*	turn
13. 医院	yīyuàn	*n.*	hospital
14. 对面	duìmiàn	*n.*	opposite
15. 快	kuài	*adj.*	fast
16. 记	jì	*v.*	remember
17. 住	zhù	*v.*	have
18. 噢	ō	*interj.*	oh
19. 忘	wàng	*v.*	forget
20. 外国	wàiguó	*n.*	foreign
21. 遍	biàn	*mw.*	a measure word
22. 寄	jì	*v.*	mail
23. 信	xìn	*n.*	letter
24. 可是	kěshì	*conj.*	but

25. 贴	tiē	*v.*	paste
26. 邮票	yóupiào	*n.*	stamp
27. 营业员	yíngyèyuán	*n.*	clerk
28. 封	fēng	*mw.*	a measure word
29. 到	dào	*v.*	to
30. 美国	Měiguó	*pn.*	the United States
31. 纽约	Niǔyuē	*pn.*	New York
32. 航空	hángkōng	*n.*	air
33. 海运	hǎiyùn	*n.*	sea
34. 元	yuán	*mw.*	yuan
35. 收	shōu	*v.*	receive
36. 找	zhǎo	*v.*	change

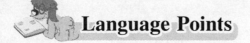 **Language Points**

1 过路人
Passerby

"过路人"是指途中经过某个地方的人。
"过路人" is someone who passes somewhere on the way.

2 介词"从"
Preposition "从"

可以与处所词语组合,表示地点;还可以与表示时间的词语组合,表示时间。如:
It may be combined with the place words to indicate places, and also combined with the time words to indicate time. For example:

从这儿往东走五十米,有一个十字路口。
Go east for fifty meters, and there is a crossroads.

我们从星期一开始学习汉语。
We begin to learn Chinese on Monday.

3 介词"往"

Preposition "往"

1) 后边加"东、南、西、北、左、右"等词组成介词词组,用在动词前边表示动作的方向。如:

The preposition "往" is followed by "东,南,西,北,左,右" to form prepositional phrases. It precedes verbs to indicate the direction of the action. For example:

往东走	往左看	往南拐
go east	look toward left	turn south

2) 用在动词后,组成介词短语,表示动作的方向。如:

It follows verbs to form prepositional phrases to denote the direction of an action. For example:

公共汽车开往学校。

The bus goes to the school.

这封信寄往美国。

The letter mails to the United States.

4 结果补语"住"、"到"

The resultative complement "住","到"

1) 结果补语"住"在动词后表示牢固或稳当。如:

The resultative complement "住" follows the verbs to indicate fastness or stability. For example:

记住	拿住
remember	hold

2) 动词"到"在其他动词后也可以表示动作的结果。如:

The verb "到" following other verbs also indicates the result of the action. For example:

我把这封信寄到美国。

I mailed the letter to the United States.

我买到一本新书。

I bought a new book.

我收到一件礼物。

I received a present.

5 双宾语句
Sentences with double objects

双宾语句的动词可以带两个宾语,前一个是间接宾语(一般指人),后一个是直接宾语(一般指物)。如:

Verbs in sentence with double objects are followed by two objects, the first of which is indirect object (generally indicating people), and the second is direct object (generally indicating things). For example:

老师给我一本书。

The teacher gave me a book.

他找你两块钱。

He gave you two *yuan* for change.

 **Exercises**

一 连线组词
Link the matching characters into words

医　　对　　邮　　美　　路　　记　　寄　　航

国　　信　　口　　面　　住　　票　　空　　院

二　反义词连线
Link the matching antonyms

对　　慢　　记　　难　　多　　贵

错　　快　　忘　　少　　便宜　　容易

三　选择恰当的词语填空
Fill in the blanks with proper words

1) (　　)这儿往东走五十米,前面有个银行。
   A. 离　　　　　　B. 在　　　　　　C. 从

2) 对不起,您说得太快了,我没记(　　)。
   A. 到　　　　　　B. 住　　　　　　C. 快

3) 请你再讲一(　　)这道题。
   A. 个　　　　　　B. 遍　　　　　　C. 支

4) 我想寄信,可是不知道贴(　　)钱的邮票。
   A. 什么　　　　　B. 几　　　　　　C. 多少

5) 杰克写了两(　　)信。
   A. 张　　　　　　B. 封　　　　　　C. 条

6) 公共汽车开(　　)学校。
   A. 往　　　　　　B. 从　　　　　　C. 自

四　选择所给词语的正确位置
Choose the correct position for the words

1) 你 A 说得太快了,我没 B 记住,C 请你 D 说一遍。　　(再)

2) A 我 B 想寄信,C 不知道 D 贴多少钱的邮票。　　(可是)

3) 这封信 A 寄 B 美国 C 纽约 D。　　(到)

4) 请 A 你 B 慢 C 说 D。　　(点儿)

五 选择最合适的应答句
Choose the proper answers

1) 这封信往哪儿寄？
    A. 寄去北京   B. 寄北京   C. 寄到北京

2) 对不起，你说得太快了，我没记住。
    A. 你记快点   B. 我说慢点   C. 我再说一遍

3) 请问，去邮局怎么走？
    A. 银行对面就有   B. 在银行对面   C. 往东走五十米就是

4) 你参加过汉语水平考试吗？
    A. 没参加了   B. 没参加过   C. 不参加

第 3 课 Lesson 3

Huānyíng nǐ dào Zhōngguó lái!
欢 迎 你 到 中 国 来!
Welcome to China!

 **Dialogue**

Lǐ Nà:	Hǎojiǔ bú jiàn, zhēn xiǎng nǐ. Nǐ guò de zěnmeyàng?
李 娜:	好 久 不 见，真 想 你。你 过 得 怎 么 样?
Li Na:	I haven't seen you for ages, I miss you very much. How have you been?

Dàshān:	Guò de búcuò. Wǒ yě hěn xiǎng nǐ. Xièxie nǐ lái jīchǎng jiē
大 山:	过 得 不 错。我 也 很 想 你。谢 谢 你 来 机 场 接
	wǒmen.
	我 们。
Da Shan:	Not bad. And I miss you too. Thank you for meeting us at the airport.

Lǐ Nà:	Dōu shì lǎopéngyou le, kèqi
李 娜:	都 是 老 朋 友 了，客 气
	shénme! Zhè wèi shì ...
	什 么! 这 位 是 ……
Li Na:	Come on, we're old friends. And this is ...

Dàshān:	Wǒ lái jièshào yíxiàr, zhè
大 山:	我 来 介 绍 一 下 儿，这
	shì wǒ qīzi Shālún.
	是 我 妻 子 沙 伦。
Da Shan:	Let me introduce. This is my wife Sharon.

Lǐ　Nà:　　Huānyíng nǐ　dào Zhōngguó lái!

李　娜：　欢 迎 你 到 中 国 来！

Li Na:　　Welcome to China!

Shālún:　　Nǐ hǎo, nǐ jiùshì Lǐ Nà ba.　Wǒ tīng wǒ zhàngfu shuōguo nǐ,

沙　伦：　你 好, 你 就 是 李 娜 吧。我 听 我 丈 夫 说 过 你,

gǎnxiè nǐ duì Jiékè de zhàogù.

感 谢 你 对 杰 克 的 照 顾。

Sharon:　　Hello, you must be Li na. I've heard of you from my husband and thanks for
your care for Jack.

Lǐ　Nà:　　Nǐmen tài kèqi le.　Zánmen xiān qù bīnguǎn, bǎ xíngli fàng

李　娜：　你 们 太 客 气 了。咱 们 先 去 宾 馆, 把 行 李 放

xia, ránhòu zài qù fàndiàn chīfàn.

下, 然 后 再 去 饭 店 吃 饭。

Li Na:　　You are most welcome. Let's go to the hotel first and put down your luggage.
And then we will have dinner.

Dàshān:　　Fúwùyuán, hái yǒu méiyǒu shuāngrénjiān?

大　　山：　服 务 员, 还 有 没 有 双 人 间？

Da Shan:　　Is there a double room?

Fúwùyuán:　　Yǒu.

服 务 员：　有。

Receptionist:　　Yes.

Dàshān:　　Fángjiān li néng dǎ guójì

大　　山：　房 间 里 能 打 国 际

chángtú diànhuà ma?

长 途 电 话 吗？

Da Shan:　　Can we make international call
in the room?

Fúwùyuán:	Duìbuqǐ,　dǎ bu liǎo,　rúguǒ　nín xiǎng dǎ chángtú diànhuà,
服 务 员：	对 不 起，打 不 了，如 果 您 想 打 长 途 电 话，
	kěyǐ　qù　fúwùtái　dǎ.
	可 以 去 服 务 台 打。
Receptionist:	Sorry, you cannot. If you'd like to make long distance call, you may go to the reception desk.

Dàshān:	Hǎo ba,　jīntiān wǎnshang wǒmen　jiù zhù zài　zhèr　le.
大　　山：	好 吧，今 天 晚 上 我 们 就 住 在 这 儿 了。
Da Shan:	OK, we are going to stay here tonight.

Fúwùyuán:	Nín dài zhèngjiàn lái　le　ma?
服 务 员：	您 带 证 件 来 了 吗？
Receptionist:	Do you have any credential?

Dàshān:	Zhè shì wǒ　de　hùzhào.
大　　山：	这 是 我 的 护 照。
Da Shan:	This is my passport.

Fúwùyuán:	Gěi nín fángjiān de　yàoshi,　wǒ dài　nǐmen　qù fángjiān kànkan.
服 务 员：	给 您 房 间 的 钥 匙，我 带 你 们 去 房 间 看 看。
Receptionist:	Here is the key, and I will show you the room.

New Words

1. 欢迎	huānyíng	*v.*	welcome
2. 好久不见	hǎojiǔ bú jiàn		I haven't seen you for ages
3. 过	guò	*v.*	live
4. 机场	jīchǎng	*n.*	airport
5. 接	jiē	*v.*	meet
6. 老	lǎo	*adj.*	old
7. 妻子	qīzi	*n.*	wife
8. 丈夫	zhàngfu	*n.*	husband
9. 感谢	gǎnxiè	*v.*	thank

10. 对	duì	*prep.*	for
11. 照顾	zhàogù	*v.*	care
12. 把	bǎ	*prep.*	a preposition
13. 行李	xíngli	*n.*	luggage
14. 放	fàng	*v.*	put down
15. 然后	ránhòu	*adv.*	then
16. 饭店	fàndiàn	*n.*	restaurant
17. 双人间	shuāngrénjiān	*n.*	double room
18. 房间	fángjiān	*n.*	room
19. 国际	guójì	*n.*	international
20. 长途	chángtú	*n.*	long distance
21. 了	liǎo	*v.*	indicating finality
22. 如果	rúguǒ	*conj.*	if
23. 服务台	fúwùtái	*n.*	reception
24. 带	dài	*v.*	bring, have
25. 证件	zhèngjiàn	*n.*	credential
26. 护照	hùzhào	*n.*	passport
27. 钥匙	yàoshi	*n.*	key
28. 沙伦	Shālún	*pn.*	Sharon

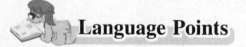

Language Points

1 老朋友
Old friends

"老朋友"是指认识时间很长的朋友。
"老朋友" indicates those friends who have known each other for a long time.

2 简单趋向补语
The simple directional complement

1) 一些动词后边常用"来""去"做补语,表示动作的趋向,这种补语叫简单趋向补

语。如果动词后既有趋向补语又有表示处所的宾语,那么处所宾语一定要放在动词和趋向补语之间。如:

"来" and "去" can be used after some verbs as the complement, indicating the direction the actions move to. This complement is called the simple directional complement. If there are directional complement and place object behind the verb, the place object must be put between the verb and directional complement. For example:

欢迎你到中国来。不能说:欢迎你到来中国。
Welcome to China. It cannot be: 欢迎你到来中国。

我看见玛丽进饭店去了。不能说:我看见玛丽进去饭店了。
I saw Mary went into the restaurant. It cannot be: 我看见玛丽进去饭店了。

2) 如果宾语不是表示处所的,则可放在动词和补语之间,也可放在补语之后。如:

If the object doesn't indicate the place, it may be put between the verb and the complement, or after the complement. For example:

你带护照来了吗?　或:你带来护照了吗?
Do you bring your passport?

他买了一斤苹果来。或:他买来了一斤苹果。
He bought apples for half a kilogram.

3 介词"对"
Preposition "对"

介词"对"是引进对象或事物的关系者。如:
The preposition "对" introduces the object or the related things. For example:

谢谢你对大山的照顾。
Thanks for your care for Da Shan.

我对这件事很不满意。
I was quite unsatisfied with the matter.

4 "把"字句 (一)

The sentence with the character of "把" (I)

"把"字句常常用来强调说明动作对某事物如何处置及处置的结果。在把字句里，介词"把"和它的宾语必须放在主语之后、动词之前。把字句的句式结构为：S+把+O+V+其他。如：

The sentence with the character of "把" is usually used to emphasize how the action deals with the substance as well as its result. In the sentence with the character of "把", the preposition "把" and its object must be put between the subject and the verb. The structure of the sentence is S+把+O+V+其他. For example:

你把行李放下。
Put down your luggage.

杰克把嘴张开。
Jack opened his mouth.

5 结果补语"下"

The resultative complement "下"

动词"下"用在动词后，表示动作由高处到低处或表示动作的完成或结果。如：
The verb "下" follows verbs to indicate the action is from top to bottom, or it indicates the completion or result of the action. For example:

放下你的行李。
Put down your luggage.

写下你的名字。
Write down your name.

6 可能补语(一)：V+得/不+了

The potential complement(I): V+得 / 不+了

动词和结果补语之间加"得"构成可能补语。动词"了"表示"完毕""结束"或"可能"的意思。常用在动词后构成可能补语，表示对行为实现的可能性作出估计。
Adding "得" between the verb and the resultative complement forms a potential complement. The verb "了" indicates "完毕" "结束" or "可能". It usually follows the verb to form the potential complement, indicating the estimation for the possibility

of action achieved.

注意：可能补语的否定形式为"V+不+结果补语"，而不是"V+得不+结果"。如：

Note: The negative form of the potential complement is "V+不+结果补语", rather than "V+得不+结果". For example:

宾馆打不了国际长途。不能说：宾馆打得不了国际长途。

One cannot make international call in the hotel. It cannot be: 宾馆打得不了电话。

明天你来得了来不了？不能说：你明天来得了来得不了？

Will you come or not tomorrow? It cannot be: 你明天来得了来得不了？

7 连词"如果……"
Conjunction "如果..."

连词"如果"表示假设。如：

The conjunction "如果" indicates supposition. For example:

如果你想打长途电话，可以去服务台。

If you'd like to make a long distance call, you may go to the reception desk.

如果明天天气好，我想去爬山。

If it's fine tomorrow, I'd like to climb the mountain.

8 介词"在"
Preposition "在"

介词"在"与后边的宾语构成介宾结构，做前边动词的结果补语。如：

The preposition "在" is combined with the object after it to form prepositional structure, serving as the resultative complement for the verb. For example:

今天晚上我们就住在这儿了。

We are going to stay here tonight.

我们站在山上看风景。

We stood on the hill to take a bird's eye view.

我把书放在桌子上。

I put the book on the desk.

9 先……然后……

First...then...

表示一件事情之后接着又发生另一件事情。如:

"先...然后..." ("First...then...") means that another thing happens after the first thing. For example:

你先把行李放下,然后我们去吃饭。

First you may lay down the luggage, then we will go and have a meal.

我打算先去上海,然后再去广州。

First I am going to Shanghai, then Guangzhou.

Exercises

一 连线组词

Link the matching characters into words

| 国 | 证 | 护 | 钥 | 如 | 然 | 长 | 机 | 感 | 照 |

| 件 | 照 | 顾 | 谢 | 后 | 际 | 匙 | 场 | 途 | 果 |

二 选择最合适的应答句

Choose the proper answers

1) 好久不见,你过得怎么样?

    A. 还能   B. 还可以   C. 还应该

2) 感谢你对我女儿的照顾。

    A. 没照顾   B. 你太客气了   C. 没关系

3) 这儿能打国际长途电话吗?

    A. 打不了   B. 不打了   C. 打得不了

4) 你带证件来了吗？

    A. 没带了　　　　　　B. 不带来　　　　　　C. 没带来

三　选择恰当的词语填空

Fill in the blanks with proper words

1) 你好，你(　　)张华吧，我听我丈夫说过你。

    A. 还是　　　　　　B. 也是　　　　　　C. 就是

2) 咱们先去宾馆，(　　)行李放下。

    A. 把　　　　　　B. 给　　　　　　C. 对

3) 今天晚上我们就住(　　)这儿了。

    A. 从　　　　　　B. 在　　　　　　C. 是

4) 这是你房间的钥匙，我(　　)。

    A. 带去你房间看看　B. 带你去房间看看　C. 带你房间去看看

四　读一读，加点字的读音、意思一样吗？

Read aloud, do the dotted characters have the same pronunciation and meaning?

    A. 老王今年六十七岁了。
    B. 我爷爷感冒了，晚上老咳嗽。
    C. 大山和张华是老朋友。

    A. 您说得太快了，我没记住。

    B. 今天晚上我们就住在这儿了。

第 4 课
Lesson 4

Wèi wǒmen de yǒuyì gānbēi!
为我们的友谊干杯!
Toast to Our Friendship!

 Dialogue

Fúwùyuán:	Qǐng wèn, nín jǐ wèi?
服务员:	请问,您几位?
Waiter:	How many people do you have?

Lǐ Nà:	Sān wèi.
李 娜:	三 位。
Li Na:	Three.

Fúwùyuán:	Zhè shì càidān, qǐng nín diǎn cài.
服务员:	这是菜单,请您点菜。
Waiter:	This is the menu. Have an order please.

Lǐ Nà:	Nǐmen èr wèi xǐhuan chī shénme?
李 娜:	你们二位喜欢吃什么?
Li Na:	What would you like to have?

Dàshān:	Wǒ xǐhuan chī tián de, lái ge tángcù lǐji ba.
大 山:	我喜欢吃甜的,来个糖醋里脊吧。
Da Shan:	I have a sweet tooth, so I'll have sweet and sour tenderloin.

Lǐ Nà:	Shālún, nǐ diǎn yí ge cài ba.
李 娜:	沙伦,你点一个菜吧。
Li Na:	Sharon, order a dish please.

Shālún:
沙　伦：
Wǒ tīngshuō Zhōngguócài hěn hǎo chī, dànshì wǒ cónglái méi chī-
我 听 说 中 国 菜 很 好 吃，但 是 我 从 来 没 吃
guo Zhōngguócài, nǐ jiù suíbiàn ānpái ba.
过 中 国 菜，你 就 随 便 安 排 吧。

Sharon: I heard that Chinese dishes are delicious, but I haven't had any. You may order for me.

Lǐ　Nà:
李　娜：
Zài lái yí ge làzǐjī、 yí ge sōngzǐ yùmǐ hé yí ge
再 来 一 个 辣 子 鸡、一 个 松 子 玉 米 和 一 个
hóngshāoròu. Dàshān, hē píjiǔ háishi báijiǔ?
红 烧 肉。 大 山，喝 啤 酒 还 是 白 酒？

Li Na: And spicy chicken, stir fried pine nuts and sweet corn, and braised pork. Da Shan, which do you prefer, beer or Chinese spirit?

Dàshān:
大　山：
Lái liǎng píng píjiǔ ba.
来 两 瓶 啤 酒 吧。

Da Shan: Two bottles of beer please.

Lǐ　Nà:
李　娜：
Shālún ne? Hē jiǔ háishi hē yǐnliào?
沙 伦 呢？ 喝 酒 还 是 喝 饮 料？

Li Na: What about Sharon? Wine or soft drink?

Shālún:
沙　伦：
Nǐmen hē jiǔ, wǒ hē yǐnliào ba.
你 们 喝 酒，我 喝 饮 料 吧。

Sharon: You have beer and I take soft drink.

Fúwùyuán:
服 务 员：
Xiānsheng, nǐmen yào de cài shàng qí le, qǐng màn yòng.
先 生，你 们 要 的 菜 上 齐 了，请 慢 用。

Waiter: Sir, all your dishes are served. Enjoy.

Zhāng Huá:
张 华：
Shālún, suíbiàn chī, bié kèqi, chángchang Zhōngguócài de wèi-
沙 伦，随 便 吃，别 客 气，尝 尝 中 国 菜 的 味
dào zěnmeyàng. Xiǎojiě, qǐng bǎ píjiǔ dǎkāi.
道 怎 么 样。 小 姐，请 把 啤 酒 打 开。

Zhang Hua:	Sharon, please help yourself and have a taste of Chinese dishes. Excuse me, uncap the bottle of beer please.

Shālún: Zhè shì wǒ dì-yī cì chī Zhōngguó cài, zhēn hǎo chī.

沙　伦：这是我第一次吃中国菜，真好吃。

Sharon: This is my first time having Chinese dishes, they're very delicious.

Dàshān: Lái, wèi wǒmen de yǒuyì gānbēi!

大　山：来，为我们的友谊干杯！

Da Shan: Let's toast to our friendship!

Zhāng huá: Yě zhù nǐmen shēntǐ jiànkāng, shēnghuó xìngfú!

张　华：也祝你们身体健康，生活幸福！

Zhang Hua: And wish you good health and a happy life!

 New Words

1. 为	wèi	*prep.*	to
2. 友谊	yǒuyì	*n.*	friendship
3. 干杯	gānbēi	*v.*	toast
4. 菜单	càidān	*n.*	menu
5. 点菜	diǎncài	*v.*	order
6. 甜	tián	*adj.*	sweet
7. 菜	cài	*n.*	dish
8. 但是	dànshì	*conj.*	but
9. 随便	suíbiàn	*adj.*	free

10. 安排	ānpái	*v.*	arrange
11. 辣子鸡	làzǐjī	*n.*	spicy chicken
12. 松子玉米	sōngzǐ yùmǐ		stir fried pine nuts and sweet corn
13. 红烧肉	hóngshāoròu	*n.*	braised pork
14. 啤酒	píjiǔ	*n.*	beer
15. 白酒	báijiǔ	*n.*	Chinese spirit
16. 瓶	píng	*mw.*	bottle
17. 酒	jiǔ	*n.*	wine
18. 饮料	yǐnliào	*n.*	soft drink
19. 先生	xiānsheng	*n.*	sir
20. 齐	qí	*adj.*	ready
21. 别	bié	*adv.*	don't
22. 尝(嚐)	cháng(chang)	*v.*	taste
23. 味道	wèidào	*n.*	flavor
24. 小姐	xiǎojiě	*n.*	Miss
25. 打开	dǎkāi	*v.*	uncap, open
26. 第	dì	*pref.*	(auxiliary word for ordinal numbers)
27. 次	cì	*mw.*	time
28. 祝	zhù	*v.*	wish
29. 身体	shēntǐ	*n.*	body
30. 健康	jiànkāng	*n. / adj.*	health / healthy
31. 生活	shēnghuó	*n.*	life
32. 幸福	xìngfú	*adj.*	happy

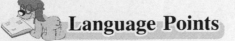

Language Points

1 来两瓶啤酒

Give me two beers

"来"是"要"或"买"的意思
"来" means "要" or "买".

2 请慢用

Please enjoy your meal

"请慢用"是吃饭时的客气话,意思是"请慢慢吃"。
"请慢用" is a polite expression during a meal. It means "请慢慢吃".

3 介词"为"

Preposition "为"

介词"为"表示目的或对象。如:
The preposition "为" indicates a purpose or an object. For example:

为我们的友谊干杯。
Toast to our friendship.

哥哥正为这件事担心呢。
My old brother is worrying about this matter.

4 结果补语"齐"、"开"

The resultative complement "齐","开"

1) 形容词"齐"用在动词后,表示动作"完备或不缺少"。如:
The adjective "齐" follows verbs to indicate "the completeness" of an action. For example:

您的菜上齐了。
All your dishes are served.

学生们都到齐了。

Students are all present.

2) 动词"开"用在动词后，表示"分开、离开"。如：

The verb "开" follows verbs to indicate "分开, 离开". For example:

请把啤酒打开。

Uncap the bottle of beer please.

请打开书。

Open the book please.

5 副词"别"

Adverb "别"

副词"别"表示事实上不需要，修饰动词性词语，多用于祈使句。如：

The adverb "别" indicates "no need", modifying verbal words. It's usually used in the imperative sentence. For example:

别客气，随便吃。

Please help yourself.

我已经知道了，你别说了。

I have known it, don't mention it again.

 **Exercises**

一 连线组词

Link the matching characters into words

| 随 | 幸 | 生 | 友 | 干 | 饮 | 白 | 菜 |

| 料 | 单 | 福 | 便 | 活 | 谊 | 酒 | 杯 |

二 选择恰当的词语填空
Fill in the blanks with proper words

1) 中国菜很好吃,但是我(　　)没吃过。
　　A. 然后　　　　B. 从来　　　　C. 先

2) 我要两(　　)啤酒。
　　A. 瓶　　　　　B. 个　　　　　C. 块

3) 先生,你们要的菜上(　　)了。
　　A. 都　　　　　B. 齐　　　　　C. 过

4) 几位,您的菜上齐了,请慢(　　)。
　　A. 走　　　　　B. 用　　　　　C. 喝

5) 认识你们很高兴,来,(　　)我们的友谊干杯!
　　A. 给　　　　　B. 对　　　　　C. 为

6) 请把酒瓶打(　　)。
　　A. 下　　　　　B. 开　　　　　C. 好

7) 这是菜单,请您(　　)菜。
　　A. 吃　　　　　B. 看　　　　　C. 点

三 读一读,加点字的读音、意思一样吗?
Read aloud, do the dotted characters have the same pronunciation and meaning?

A. 欢迎你到中国来。

B. 我来个鱼香肉丝,再来个糖醋里脊。

A. 几位,请点菜。

B. 请问,现在几点?

A. 我没吃过中国菜,你就随便安排吧。

B. 这件衣服比那件便宜。

四 选择所给词语的正确位置

Choose the correct positions for the words

1) A 尝尝 B 中国菜 C 的味道 D。　　　　(怎么样)

2) 我 A 中国菜 B 很 C 好吃 D。　　　　　(听说)

3) A 这是 B 我 C 吃 D 中国菜。　　　　　(第一次)

4) A 小姐,B 把啤酒 C 打开 D。　　　　　(请)

5) 珍妮,你 A 点 B 几个 C 吧 D。　　　　　(菜)

第 5 课 你怎么比经理还忙?

Nǐ zěnme bǐ jīnglǐ hái máng?

Lesson 5 Why Are You Busier than the Manager?

Dialogue

Wáng Píng: Gāngcái nǐ qù nǎr le, wǒ dàochù zhǎo nǐ dōu zhǎo bù zháo.

王 平: 刚才你去哪儿了,我到处找你都找不着。

Wang Ping: Where were you just now, I couldn't find you anywhere.

Qīzi: Yágāo yòngwán le, qù Jílì Shāngshà mǎile yì hé yágāo,

妻 子: 牙膏用完了,去吉利商厦买了一盒牙膏,

liǎng bǎ yáshuā, hái mǎile liǎng tiáo máojīn hé jǐ kuàir féizào.

两把牙刷,还买了两条毛巾和几块儿肥皂。

Wife: The toothpaste was used up. I went to the Jili Store to buy one. And also two toothbrushes, two towels and several bars of soaps.

Wáng Píng: Mǎi zhèxiē shēnghuó yòngpǐn hái yòng de zháo qù   Jílì Shāngshà, nán
王 平： 买这些生活用品还用得着去吉利商厦，南
biān de chāoshì li jiù yǒu.
边的超市里就有。

Wang Ping: You don't need to go to the Jili Store to buy such daily necessities. In fact,
you may buy them at the supermarket in the south.

Qīzi: Jílì   shāngshà de shāngpǐn bǐ chāoshì de piányi.
妻 子： 吉利商厦的商品比超市的便宜。
Wife: It is cheaper in the Jili Store than at the supermarket.

Wáng Píng: Kěshì   nǐ duō huāle shíjiān hé chēfèi, zhèyàng yě tài bù zhí-
王 平： 可是你多花了时间和车费，这样也太不值
dé le.
得了。

Wang Ping: But you spent more time and fare. That's not worthwhile.

Qīzi: Wǒ dǎsǎo fángjiān, nǐ bǎ zhè jǐ jiàn yīfu xǐ le ba.
妻 子： 我打扫房间，你把这几件衣服洗了吧。
Wife: I have to tidy up the rooms, and you'd better wash these clothes.

Wáng Píng: Wǒ děi qù yí tàng dānwèi, dānwèi hái yǒudiǎnr shì, děng wǒ bǎ
王 平： 我得去一趟单位，单位还有点儿事，等我把
shì bànwán, huílái zài xǐ.
事办完，回来再洗。

Wang Ping: I have to go to my company for some
business, I'll wash them when I come
back.

Qīzi: Nǐ zěnme bǐ jīnglǐ hái máng?
妻 子： 你怎么比经理还忙？
Wife: Why are you busier than the manager?

Wáng Píng: Méi bànfǎ, gōngzuò xūyào ma!

王 平：没办法，工作需要嘛!

Wang Ping: I have no choice, the job needs me!

New Words

1. 比	bǐ	*prep.*	than
2. 经理	jīnglǐ	*n.*	manager
3. 刚才	gāngcái	*n.*	just now
4. 到处	dàochù	*adv.*	anywhere
5. 着	zháo	*v.*	a suffix
6. 牙膏	yágāo	*n.*	toothpaste
7. 完	wán	*v.*	use up
8. 吉利商厦	Jílì Shāngshà	*pn.*	Jili Store
9. 盒	hé	*mw.*	a measure word
10. 把	bǎ	*mw.*	a measure word
11. 牙刷	yáshuā	*n.*	toothbrush
12. 毛巾	máojīn	*n.*	towel
13. 肥皂	féizào	*n.*	soap
14. 用品	yòngpǐn	*n.*	article
15. 南	nán	*n.*	south
16. 超市	chāoshì	*n.*	supermarket
17. 商品	shāngpǐn	*n.*	goods
18. 车费	chēfèi	*n.*	fare
19. 值得	zhídé	*v.*	worth
20. 打扫	dǎsǎo	*v.*	tidy up
21. 衣服	yīfu	*n.*	clothes
22. 洗	xǐ	*v.*	wash
23. 趟	tàng	*mw.*	a measure word
24. 等	děng	*v.*	wait

25. 办	bàn	*v.*	manage
26. 办法	bànfǎ	*n.*	way
27. 嘛	ma	*part.*	a modal particle

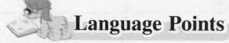

Language Points

1 代词"几"
Pronoun "几"

表示虚指，一般表示大于一而小于十的不定数。

Indicates nominal number, which usually denotes the number between one and ten.

如：几本书、几件衣服、几块肥皂等。

For example: several books, several clothes and several bars of soaps, etc.

2 可能补语: V+得/不+"着"
The potential complement: V+得 / 不+"着"

"着"在动词后，表示已经达到目的或有了结果。"找得着"意思是"能找着、能找到"，"找不着"的意思是"不能找着、不能找到。"

"着" follows verbs to indicate that the purpose or result has been reached. "找得着" means "能找着，能找到", while "找不着" means "不能找着，不能找到"。

3 结果补语"完"
The resultative complement "完"

形容词"完"用在动词后，作结果补语，表示完成。如：

The adjective "完" follows verbs to serve as a resultative complement indicating completion. For example:

我把饭吃完就去学校。

I am going to school after I finish the meal.

我写完作业再吃饭。

I am going to have a meal after I finish my homework.

4 用"比"表示比较的比较句

Comparative sentence with "比" to express comparison

用"比"进行比较是汉语比较句中最常用的一种格式。如：

"比" is used to compare, the most commonly used pattern in Chinese. For example:

张华比经理还忙。

Zhang Hua is busier than the manager.

弟弟比哥哥高。

The younger brother is taller than the elder one.

注意：如果"比"前后的两个成分是名词性词组,而中心语的名词相同时,常常省去
　　　"比"后的中心语。如：

Note: If two elements are both nominal phrases in front and after "比", and the central
　　　noun is the same, the central word following "比" is generally omitted. For
　　　example:

这件衣服比那件好看。

This clothes is nicer than that one.

张华唱歌比杰克好。

Zhang Hua sings better than Jack.

5 "把"字句(二)

Sentences with "把" (II)

1) "把"字句中的动词谓语不能单独使用,后面有宾语或结果补语,或有表示动作
　完成的助词"了"。如：

The verbal predicate cannot be used alone in the sentence with the character "把".
It must be followed by the object or a resultative complement or the particle "了"
indicating that action is completed. For example:

你把这几件衣服洗了。　　不能说：你把这件衣服洗。

You may wash these clothes. It cannot be: 你把这件衣服洗。

小姐,请把啤酒打开。　　不能说：请把啤酒打。

Miss, uncap the bottle of beer please. It cannot be: 请把啤酒打。

2) "把"字句中"把"的宾语都是确定的,或说话人心中已确定的。如：

The object of "把" in the sentence with the character 把 is definite, or it's definite in the speaker's mind. For example:

你把这几件衣服洗了。　　不能说：你把一件衣服洗了。

You may wash these clothes. It cannot be: 你把一件衣服洗了。

你把那杯茶喝了。　　不能说：你把一杯茶喝了。

Drink that cup of tea please. It cannot be: 你把一杯茶喝了。

⑥ 反问句
Rhetorical questions

反问句用疑问语气表达与字面相反的意义。如：

A rhetorical question expresses the opposite meaning the surface meaning of words with an interrogative tone. For example:

你怎么比经理还忙？　　意思是：你不比经理忙。

How are you busier than the manager? It means: You're not busier than the manager.

你怎么不知道呢？　　意思是：你应该知道。

How don't you know? It means: You should know.

你怎么能打人呢？　　意思是：你不能打人。

How can you beat someone? It means: You cannot beat someone.

⑦ 语气助词"嘛"
Modal particle "嘛"

语气助词"嘛"用在句末,加强确信的口气,表示事情本应这样。如：

The modal particle "嘛" is used at the end of the sentence to emphasize an affirmative tone, indicating the matter ought to be as it is. For example:

没办法,工作需要嘛!

I have no choice. The job needs me!

有病就应该去医院嘛!

Patients should go to the hospital!

你有事就说嘛!

Speak out if you have something!

Exercises

一　选择量词填空
Fill in the blanks with proper measure words

把　　　条　　　块　　　件　　　家　　　盒

一（　　）牙膏　　　　一（　　）牙刷　　　　一（　　）毛巾
一（　　）肥皂　　　　一（　　）衣服　　　　一（　　）医院

二　选择恰当的词语填空
Fill in the blanks with proper words

1) 我到处找王老师都找不（　　　　）。
　　A. 着　　　　　B. 住　　　　　　C. 了

2) 吉利商场的商品（　　　）超市便宜。
　　A. 把　　　　　B. 比　　　　　　C. 跟

3) 前几天我去了一（　　　）法国。
　　A. 遍　　　　　B. 趟　　　　　　C. 下

4) 没办法,工作需要（　　　）!
　　A. 嘛　　　　　B. 吧　　　　　　C. 吗

三　选择所给词语的正确位置
Choose the correct position for the words

1) 你 A 这几件 B 衣服 C 洗 D 了。　　　　　　　　　　　　　　（把）

2) 你 A 比 B 王经理 C 还 D 忙。　　　　　　　　　　　　　　　（怎么）

3) 单位 A 还有点事,B 等我把事办完,C 回来 D 洗。　　　　　　（再）

4) 吉利商场很远,去吉利商场 A 买 B 东西 C 花 D 了时间和车费。　（多）

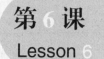

Nǐ dìdi hé nǐ yíyàng cōngming
第6课 你弟弟和你一样聪明
Lesson 6　Your Brother Is As Clever As You

Dialogue

Dīng Lán:　Nǐ érzi shàng jǐ niánjí le?
丁 兰：你 儿 子 上 几 年 级 了？
Ding Lan:　Which grade is your son in?

Wáng Sōng:　Hái méi shàngxué ne, xiànzài zài yòu'éryuán dàbān.
王 松：还 没 上 学 呢， 现 在 在 幼 儿 园 大 班。
Wang Song:　He haven't gone to school. He is in the senior class of kindergarten now.

Dīng Lán:　Děng háizi shàngxué máfan shì jiù duō le. Měitiān jiē sòng háizi,
丁 兰：等 孩 子 上 学 麻 烦 事 就 多 了。 每 天 接 送 孩 子，

gěi háizi jiǎnchá zuòyè, xīngqīliù、 rì yě xiūxi bù liǎo,
给 孩 子 检 查 作 业，星 期 六、日 也 休 息 不 了，

hái děi dàizhe háizi qù shàng yìshùkè. Jiāzhǎng zhēnshì tài
还 得 带 着 孩 子 去 上 艺 术 课。家 长 真 是 太

lèi le.
累 了。

Ding Lan: It's troublesome when a kid starts going to school. Parents have to take the kid to and back between school and home, check his homework, and take him to art lessons at the weekends. Being parents is so tiring.

Wáng Sōng: Jiāzhǎng lèi, háizi gèng lèi. Wǒ rènwéi péiyǎng hǎizǐ de xué-
王 松： 家 长 累，孩 子 更 累。我 认 为 培 养 孩 子 的 学

xí xìngqù gèng zhòngyào. Wǒ kě bù xiǎng ràng wǒ de háizi huó
习 兴 趣 更 重 要。我 可 不 想 让 我 的 孩 子 活

de zhème lèi.
得 这 么 累。

Wang Song: Parents are tired, but kids are more tired. I think it is more important to have our kids get interested in studies. I don't want my kid to be so tired.

Dīng Lán：Nǐ dìdi dàxué bìyè le ma?
丁 兰：你弟弟大学毕业了吗？
Ding Lan:　Has your younger brother graduated?

Wáng Sōng：Méiyǒu, jīnnián shàng dà sān, míngnián cái bìyè.
王 松：没有，今年上大三，明年才毕业。
Wang Song:　No, he is a junior, and he'll graduate next year.

Dīng Lán：Bìyè hòu tā dǎsuan qù nǎr gōngzuò?
丁 兰：毕业后他打算去哪儿工作？
Ding Lan:　Where will he plan to work after graduation?

Wáng Sōng：Tā hái bù xiǎng gōngzuò, tā xiǎng kǎo Běijīng Dàxué de yánjiūshēng,
王 松：他还不想工作，他想考北京大学的研究生，
　　　　yánjiūshēng bìyè hòu, xiǎng qù Zhōngguó de xībù fāzhǎn.
　　　　研究生毕业后，想去中国的西部发展。
Wang Song:　He doesn't want to work right after graduation. He wants to get a master
　　　　degree in Peking University, after that he wants to go to West China.

Dīng Lán：Tā de xuéxí chéngjì zěnmeyàng?
丁 兰：他的学习成绩怎么样？
Ding Lan:　How about his study?

Wáng sōng：Cóng shàng zhōngxué dào xiànzài, yìzhí shì bān li de qián sān
王 松：从上中学到现在，一直是班里的前三
　　　　míng. Shàng ge xuéqī hái déle yī děng jiǎngxuéjīn.
　　　　名。上个学期还得了一等奖学金。
Wang Song:　He has always been among the first three places in class from middle school
　　　　till now. And he won the top scholarship last term.

Dīng Lán：Kànlái nǐ dìdi hé nǐ yíyàng cōngming.
丁 兰：看来你弟弟和你一样聪明。
Ding Lan:　It seems that your brother is as clever as you.

New Words

1. 聪明	cōngming	*adj.*	clever
2. 儿子	érzi	*n.*	son
3. 年级	niánjí	*n.*	grade
4. 上学	shàngxué	*v.*	go to school
5. 幼儿园	yòu'éryuán	*n.*	kindergarten
6. 大班	dàbān	*n.*	senior class
7. 麻烦	máfan	*adj.*	troublesome
8. 送	sòng	*v.*	take...to
9. 检查	jiǎnchá	*v.*	check
10. 作业	zuòyè	*n.*	homework
11. 着	zhe	*part.*	a dynamic particle
12. 艺术	yìshù	*n.*	art
13. 家长	jiāzhǎng	*n.*	parent
14. 更	gèng	*adv.*	more
15. 可	kě	*adv.*	but
16. 活	huó	*v.*	live
17. 大学	dàxué	*n.*	university
18. 毕业	bìyè	*v.*	graduate
19. 才	cái	*adv.*	only
20. 打算	dǎsuan	*v.*	plan
21. 研究生	yánjiūshēng	*n.*	graduate student
22. 西部	xībù	*n.*	west
23. 发展	fāzhǎn	*v.*	develop
24. 成绩	chéngjì	*n.*	score
25. 中学	zhōngxué	*n.*	middle school
26. 一直	yìzhí	*adv.*	always
27. 名	míng	*mw.*	a measure word
28. 学期	xuéqī	*n.*	term

29. 得	dé	*v.*	receive
30. 等	děng	*mw.*	a measure word
31. 奖学金	jiǎngxuéjīn	*n.*	scholarship
32. 看来	kànlai	*conj.*	seem

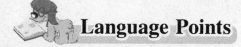 **Language Points**

1 我看……
I think ...

"我看……"意思是"我认为……"。如：
"我看..." means "我认为...". For example:

我看今天可能下雨。
I think it may rain today.

我看孩子比家长累。
I think kids are more tired than parents.

2 大三
Junior students of college

"大三"是指大学三年级。
"大三" denotes junior students of college.

3 连词"看来"
Conjunction "看来"

连词"看来"是指通过对情况的观察得出某种判断或估计。如：
The conjunction "看来" denotes some judgments based on observation. For example:

看来你弟弟和你一样聪明。
It seems that your brother is as clever as you.

看来今天要下雨。
It seems it's going to rain today.

4 动态助词"着"：

Dynamic particle "着"：

"动词+着"表示动作正在进行或表示动作已经完成,但结果还在持续。如：

"动词+着" indicates an action is in progress or completed, but the result continues to exist. For example:

昨天我去小王家的时候,他正吃着饭呢。(动作正在进行)

Xiao Wang was having supper when I went to his home yesterday. (The action is in progress)

张老师带着书去上课了。(动作已经完成,结果还在持续)

Mr. Zhang has gone to the class with the book. (The action is completed, but the result is continuing)

5 用副词"更"的比较句

Comparative sentence with adverb "更"

副词"更"表示比较,一般朝同一方向比较,含有原来就有一定程度的意思。如：

The adverb "更" indicates comparison, which develops towards the same direction, meaning that there is already some degree. For example:

爸爸比妈妈更喜欢弟弟。

Father is much fonder of brother than mother.

孩子比家长更累。

Children are more tired than parents.

我更喜欢那件白的。

I prefer the white one.

6 副词"可"

Adverb "可"

副词"可"表示强调语气,多用于口语。如：

The adverb "可" indicates a high degree, usually used in the spoken language. For example:

我可不想让孩子活得这么累。

I don't want my kid to be so tired.

杰克可不愿意吃中药。

Jack doesn't want to take traditional Chinese medicine.

你可来了,我们等了两个小时了。

You come at last, and we have waited for two hours for you.

7 副词"才"
Adverb "才"

副词"才"表示事情发生得晚或结束得晚。如:

The adverb "才" indicates something happenes late or finishes late. For example:

我弟弟明年才毕业。

My brother will graduate next year.

昨天晚上我十二点才睡觉。

I fell asleep at twelve o'clock last night.

你怎么才来?

Why do you come so late?

8 副词"一直"
Adverb "一直"

副词"一直"表示动作不间断、不改变。如:

The adverb "一直" indicates an action is continuing without interruption. For example:

我弟弟的学习成绩一直不错。

My brother is always studying well.

他一直帮助我学习汉语。

He is always helping me with my Chinese learning.

我一直住在北京。

I live in Beijing all along.

Exercises

一 连线组词
Link the matching characters into words

聪　一　学　成　毕　打　西　麻　检　年

烦　查　期　算　直　级　绩　明　部　业

二 选择恰当的词语填空
Fill in the blanks with proper words

1) 你儿子上(　　)年级?
   A. 几　　　　　　　B. 多少　　　　　　C. 什么

2) (　　)今天可能要下雨。
   A. 听来　　　　　　B. 看来　　　　　　C. 说来

3) 张老师的孩子23岁了,学习不错,今年就(　　)毕业了。
   A. 小学　　　　　　B. 中学　　　　　　C. 大学

4) 你爷爷今年多大(　　)?
   A. 年纪　　　　　　B. 年级　　　　　　C. 岁

5) (　　)上中学到现在,一直是班里的前三名。
   A. 离　　　　　　　B. 在　　　　　　　C. 从

6) 我(　　)不想让我的孩子活得这么累。
   A. 可是　　　　　　B. 可　　　　　　　C. 太

7) 王松的弟弟学习成绩一直不错,上个学期得了一(　　)奖学金。
   A. 等　　　　　　　B. 名　　　　　　　C. 位

8) 你大学毕业后(　　)去哪儿工作?
   A. 觉得　　　　　　B. 打算　　　　　　C. 如果

9) 现在家长很累,学生( )累。

    A. 比　　　　　　　B. 更　　　　　　　C. 可

三　读一读,带点字的读音、意思一样吗?

Read aloud, do the dotted characters have the same pronunciation and meaning?

A. 我到处找王老师也没找着。
B. 买生活用品用不着去吉利商场。
C. 张华带着孩子去北京了。

四　选择最合适的应答句

Choose the proper answers

1) 你儿子的学习成绩怎么样?

    A. 他很聪明　　　　B. 他不学习　　　　C. 一直不错

2) 你怎么比经理还忙?

    A. 我工作很忙　　　B. 工作需要　　　　C. 我不是经理

3) 你打算毕业后去哪儿工作?

    A.西边　　　　　　B. 西部　　　　　　C. 经理

4) 你弟弟什么时候大学毕业?

    A.明年刚才毕业　　B. 明年才毕业　　　C. 才明年毕业

五　选择正确的语序

Choose the sentences with correct word order

1) A. 星期天我得带着孩子去上艺术课
   B. 星期天我带孩子得去着上艺术课
   C. 星期天得我带着孩子去艺术上课
   D. 星期天我得带孩子去上着艺术课

2) A. 我想不让我的孩子活得这么累
   B. 我不想让我的孩子活得这么累
   C. 我想让我的孩子不活得这么累
   D. 我想让我的孩子活得这么不累

3) A. 弟弟从上中学到现在,是一直班里的前三名
   B. 弟弟从上中学到现在,是班里的一直前三名
   C. 从上中学到现在,是一直弟弟班里的前三名
   D. 从上中学到现在,弟弟一直是班里的前三名

单元练习一
Unit One Exercises

一 选择所给词语的正确位置
Choose the correct position for the words

1. A 张华 B 没看过 C 这么 D 有意思的书。　　　　　(从来)

2. A 我 B 把行礼 C 放下 D，然后再去饭店吃饭。　　(先)

3. A 我 B 第一次 C 吃 D 中国菜。　　　　　　　　(这是)

4. 我还得带 A 孩子 B 去 C 电影院看 D 电影。　　　(着)

5. 我 A 不想让 B 我的孩子 C 活得这么 D 累。　　　(可)

二 选择恰当的词语填空
Fill in the blanks with proper words

1. 汉字发音很容易，可是(　　　)。
   A. 很难写　　　B. 写很难　　　C. 难写很

2. 从这儿(　　　)东走五十米，路南面有个银行。
   A. 往　　　　B. 离　　　　C. 到

3. 这是菜单，请您(　　　)菜。
   A. 看　　　　B. 找　　　　C. 点

4. 我没吃过中国菜，你(　　　)安排吧。
   A. 可能　　　B. 随便　　　C. 大概

5. 小姐，请(　　　)啤酒打开。
   A. 把　　　　B. 让　　　　C. 给

6. 玛丽去吉利商厦买了一(　　　)牙膏。
   A. 把　　　　B. 块　　　　C. 盒

7. 你(   )比经理还忙？
   A. 怎么   B. 怎么样   C. 什么

8. 买生活用品(   )去大商场。
   A. 用不了   B. 用不着   C. 用不住

9. 张老师的女儿学习成绩(   )不错。
   A. 常常   B. 从来   C. 一直

10. 我以前去(   )纽约。
   A. 了   B. 过   C. 着

三 阅读短文，回答问题

Read the short passage and answer the questions

　　张华下班回来，妻子不在家。他到处找，也找不着。正着急的时候，他妻子回来了，手里还拿着牙膏、牙刷、肥皂什么的。张华问她刚才去哪儿了，她说去商场了。张华问她为什么不在附近的超市买，她妻子说商场的东西比超市的便宜。可是张华认为，她多花了时间和路费，不值得。

1. 张华的妻子去哪儿了？
   A. 去超市了   B. 去商场了   C. 去上班了

2. 关于这段短文，下面哪句话错误？
   A. 超市的东西比商场贵。
   B. 张华不认为妻子多花了钱。
   C. 妻子买了很多生活用品。

第7课　Lesson 7

Nǐ yóuyǒng yóu de zěnmeyàng?
你游泳游得怎么样?
How Well Do You Swim?

 **Dialogue**

Mǎlì: Nǐ xǐhuan shénme yùndòng?
玛丽：你喜欢什么运动?
Mary: What sports do you like?

Jiékè: Yóuyǒng, huábīng, pǎobù, tī zúqiú, wǒ dōu xǐhuan. Nǐ ne?
杰克：游泳、滑冰、跑步、踢足球，我都喜欢。你呢?
Jack: I like swimming, skating, jogging and playing football. What about you?

Mǎlì: Wǒ zuì xǐhuan yóuyǒng, hái xǐhuan dǎ lánqiú, dǎ pīngpāngqiú.
玛丽：我最喜欢游泳，还喜欢打篮球、打乒乓球。
Nǐ yóuyǒng yóu de zěnmeyàng?
你游泳游得怎么样?
Mary: My favorite sport is swimming, and I like playing basketball and table tennis. How well do you swim?

Jiékè: Hái kěyǐ. Nǐ zúqiú tī de
杰克：还可以。你足球踢得
zěnmeyàng?
怎么样?
Jack: Not bad. What about you playing football?

53

Mǎlì:　　　Hāhā,　méiyǒu　nǐ　tī　de hǎo.
玛 丽：　哈 哈，没 有 你 踢 得 好。
Mary:　　　Haw-haw, I don't play as well as you.

Jiékè:　　　Míngtiān wǎnshang yǒu　yì　chǎng　zúqiú　　bǐsài,　　nǐ　kàn bu　kàn?
杰 克：　明 天 晚 上 有 一 场 足 球 比 赛，你 看 不 看？
Jack:　　　There is a football match tomorrow evening, are you going to watch it?

Mǎlì:　　　Nǎge　duì gēn　nǎge　duì　bǐ?
玛 丽：　哪 个 队 跟 哪 个 队 比？
Mary:　　　Who's playing with whom?

Jiékè:　　　Fǎguóduì　　duì　　Yìdàlìduì.
杰 克：　法 国 队 对 意 大 利 队。
Jack:　　　It's France against Italy.

Mǎlì:　　　Wǒ　yídìng　kàn.
玛 丽：　我 一 定 看。
Mary:　　　I am sure I am going to watch it.

Mǎlì:　　　Zuótiān de　zúqiú　bǐsài　zěnmeyàng?
玛 丽：　昨 天 的 足 球 比 赛 怎 么 样？
Mary:　　　How about the football match yesterday?

张华： Zhāng Huá：Jiǎnzhí tài jīngcǎi le. Liǎng ge qiú duì tī de dōu búcuò, bú
简 直 太 精 彩 了。 两 个 球 队 踢 得 都 不 错， 不

guò Fǎguóduì méiyǒu Yìdàlìduì yùnqi hǎo, suīrán shèmén
过 法 国 队 没 有 意 大 利 队 运 气 好， 虽 然 射 门

cì shù hěn duō, dànshì yí ge qiú yě méi tī jìnqu. Jiéguǒ
次 数 很 多， 但 是 一 个 球 也 没 踢 进 去。 结 果

Yìdàlìduì yíng le.
意 大 利 队 赢 了。

Zhang Hua: It was indeed exciting. Both teams played well, but France wasn't as lucky as Italy. Although there were many shoots, no one kicked a goal. Italy won at last.

玛丽： Mǎlì：Wǒ shì Fǎguóduì de tiěgǎnr qiúmí, méi xiǎngdào Fǎguóduì
我 是 法 国 队 的 铁 杆 儿 球 迷， 没 想 到 法 国 队

jìngrán yǐ líng bǐ èr shūle zhè chǎng bǐsài. Wǒ zhēn wèi tāmen
竟 然 以 0 ：2 输 了 这 场 比 赛。 我 真 为 他 们

gǎndào nánguò.
感 到 难 过。

Mary: I'm a great fan of France. To my surprise they lost the game 0 to 2. I felt sorry for them.

New Words

1. 滑冰	huábīng	*v.*	skate
2. 跑步	pǎobù	*v.*	jog
3. 篮球	lánqiú	*n.*	basketball
4. 球	qiú	*n.*	ball
5. 乒乓球	pīngpāngqiú	*n.*	table tennis
6. 哈哈	hāhā	*onom.*	haw-haw
7. 场	chǎng	*mw.*	a measure word
8. 比赛	bǐsài	*v.*	match
9. 队	duì	*n.*	team

10. 比	bǐ	*v.*	play
11. 对	duì	*v.*	against
12. 意大利	Yìdàlì	*pn.*	Italy
13. 简直	jiǎnzhí	*adv.*	indeed
14. 不过	búguò	*conj.*	but
15. 运气	yùnqi	*n.*	luck
16. 虽然	suīrán	*conj.*	although
17. 射门	shèmén	*v.*	shoot
18. 次数	cìshù	*n.*	number of times
19. 结果	jiéguǒ	*n.*	result
20. 赢	yíng	*v.*	win
21. 铁杆儿	tiěgǎnr	*adj.*	big, great
22. 球迷	qiúmí	*n.*	fan
23. 竟然	jìngrán	*adv.*	to one's surprise
24. 以	yǐ	*prep.*	as
27. 输	shū	*v.*	lose
26. 感到	gǎndào	*v.*	feel
27. 难过	nánguò	*adj.*	sorry

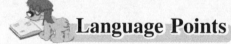

Language Points

1 离合词/动宾短语+情态补语

Verb plus object / verb-object phrase+ the modal complement

一般的离合词或动宾短语后有补语时,有两种形式:

There are two forms when the complement follows a general verb plus object or a verb-object phrase:

1) 重复动作:Vo+V+得+补语。如:

Repeated action: Vo+V+得+补语. For example:

他游泳游得很好。   不能说:他游泳得很好。

He swims well. It cannot be: 他游泳得很好。

玛丽跳舞跳得好极了。不能说：玛丽跳舞得好极了。
Mary dances well. It cannot be: 玛丽跳舞得好极了。

2) 宾语放在动词前：O+V+得+补语。如：
The object is preceded by the verb: o+v+得+补语. For example:

张华足球踢得不太好。
Zhang Hua doesn't play football well.

玛丽汉字写得很好。
Mary writes Chinese characters well.

杰克汉语说得很流利。
Jack speaks Chinese well.

② 比较句的否定形式
The negative form of comparative sentences

比较句的否定形式："A 没有 B 怎么样"。如：
The negative form of the comparative sentence: "A 没有 B 怎么样". For example:

我唱歌没有李明唱得好。
I don't sing as well as Li Ming.

李明游泳没有张华游得好。
Li Ming doesn't swim as well as Zhang Hua.

③ 复合趋向补语："进去"
The compound directional complement: "进去"

1) 动词"上、下、进、出、回、过、起"等，后面加上"来"或"去"以后，可作其他动词的补语，表示动作的方向，这种趋向补语叫复合趋向补语。如"V+进去"：
The verbs of "上、下、进、出、回、过、起" and so on may be followed by "来" or "去" to form a directional complement indicating the direction of an action. Such complements are called the compound directional complements. For example "V+进去":

法国队一个球也没踢进去。
France didn't kick a goal.

你把这本书放进去。
Put the book in it.

去超市买东西,书包不能带进去。
The bag cannot be brought into the supermarket.

④ 副词"简直"
Adverb "简直"

副词"简直"强调完全如此或差不多如此。如:
The adverb "简直" emphasizes a high degree. For example:

这场比赛简直太精彩了。
The match is indeed exciting.

这件事简直太让我感动了。
The matter is indeed moving me.

最近我简直太忙了。
I am so busy recently.

⑤ 连词"不过"
Conjunction "不过"

连词"不过"用在后半句的开头,表示转折,对上半句话加以限制或修正。如:
The conjunction "不过" is used at the beginning of the second half of the sentence to indicate transition, and it is used to restrict or modify the first half of the sentence at the same time. For example:

法国队踢得不错,不过运气不太好。
France played well but had bad luck.

我很喜欢学习汉语,不过我说得不太流利。
I like studying Chinese, but I cannot speak well.

我是美国人,不过我英语说得不好,因为我没在美国生活过。
I'm American, but my English is not good, because I haven't lived in the United States.

6 复句 "虽然……但是……"
Compound sentence "虽然...但是..."

关联词语"虽然……但是"表示转折关系。"虽然"放在第一分句的主语前或主语后，"但是"(或"可是")放在第二分句句首。如：

The conjunction word "虽然……但是" indicates conversion or transition. "虽然" is used before or after the first clause's subject, while "但是" (or "可是") is used at the beginning of the second clause. For example:

虽然明明不太聪明,但是我们都很喜欢他。
Although Mingming isn't so clever, we like him very much.

法国队虽然射门次数很多,但是一个球也没踢进去。
Although there were many shoots, no one kicked a goal.

7 副词"竟然"
Adverb "竟然"

副词"竟然"表示出乎意料,不能用在主语前。如：

The adverb "竟然" indicates an unexpected condition. It cannot be used before the subject. For example:

法国队竟然输了。不能说：竟然法国队输了。
To my surprise, France lost the game. It cannot be: 竟然法国队输了。

今天竟然下雨了。不能说：竟然今天下雨了。
To my surprise, it's raining today. It cannot be: 竟然今天下雨了。

杰克竟然回国了。不能说：竟然杰克回国了。
To my surprise, Jack came back home. It cannot be: 竟然杰克回国了。

互动汉语

Exercises

一 连线组词
Link the matching characters into words

竞　　球　　铁　　射　　运　　比　　滑

赛　　门　　冰　　迷　　气　　杆　　然

二 选择恰当的汉字填空
Fill in the blanks with proper characters

1) 明天晚上有一(　　)足球比赛。
　　A. 场　　　　　B. 常　　　　　C. 长

2) 法国(　　)跟意大利(　　)比赛。
　　A. 对　　　　　B. 队　　　　　C. 人

3) 没想到我们(　　)然输了。
　　A. 竞　　　　　B. 意　　　　　C. 虽

4) 这部电影简直太(　　)彩了。
　　A. 经　　　　　B. 精　　　　　C. 竟

三 选择恰当的词语填空
Fill in the blanks with proper words

1) 今天晚上的足球比赛是意大利队(　　)法国队。
　　A. 给　　　　　B. 对　　　　　C. 为

2) 昨天的足球比赛(　　)太精彩了。
　　A. 一直　　　　B. 简直　　　　C. 竟然

3) (　　)这次考试很难,但是王明还是考了一百分。
　　A. 竟然　　　　B. 虽然　　　　C. 当然

4) 法国队输了这场比赛,我真(　　)他们感到难过。

　　A. 对　　　　　　B. 给　　　　　　C. 为

5) 意大利队(　　)2:0赢了这场比赛。

　　A. 用　　　　　　B. 为　　　　　　C. 以

6) 明天晚上的比赛我(　　)看。

　　A. 一定　　　　　B. 一直　　　　　C. 简直

四　选择所给词语的正确位置

Choose the correct position for the words

1) A 昨天晚上的足球 B 比赛 C 太 D 精彩了。　　　　　　(简直)

2) 李娜 A 跑 B 步 C 跑 D 很快。　　　　　　　　　　　(得)

3) A 意大利队 B 赢了这场比赛,我 C 真 D 他们感到高兴。　(为)

4) A 真没想到 B 法国队 C 输了 D 这场比赛。　　　　　　(竟然)

第8课 节日

Jiérì

Lesson 8 Festival

 **Dialogue**

玛丽: Qíngrén Jié kuài dào le, nǐ dǎsuan
情人节快到了，你打算
sòng gěi nǔ péngyou shénme lǐwù?
送给女朋友什么礼物？

Mary: Saint Valentine's Day is coming, what present do you plan to give to your girlfriend?

杰克: Nà hái yòng shuō, mǎi yì zhī xiānhuā,
那还用说，买一枝鲜花，
zài mǎi liǎng kuài qiǎokèlì.
再买两块巧克力。

Jack: For sure, I intend to buy a flower and two bars of chocolate.

玛丽: Jiù zhèxiē a? Kàn wǒ nánpéngyou, chúle sòng xiānhuā hé qiǎo-
就这些啊？看我男朋友，除了送鲜花和巧
kèlì yǐwài, hái jìhuà qǐng wǒ chī dùn Fǎguó dàcān ne!
克力以外，还计划请我吃顿法国大餐呢！

Mary: Are these all? Look, my boyfriend plans to invite me to have a French dinner, apart from flower and chocolate!

Jiékè: Wǒmen zhuīqiú de shì làngmàn, wǒ huì gěi tā yí ge jīngxǐ de!

杰 克：我 们 追 求 的 是 浪 漫，我 会 给 她 一 个 惊 喜 的！

Jack: I want it to be romantic, and I will give her a surprise!

Zhāng Huá: Nǐ cāicai jīnnián jiǔyuè èrshíbā hào shì shénme jiérì?

张 华：你 猜 猜 今 年 9 月 28 号 是 什 么 节 日？

Zhang Hua: Guess what festival September 28th is?

Mǎlì: Jiǔyuè èrshíbā hào jì bú shì Jiàoshī Jié, yě bú shì Guóqìng Jié,

玛 丽：9 月 28 号 既 不 是 教 师 节，也 不 是 国 庆 节，

nà shì shénme jiérì?

那 是 什 么 节 日？

Mary: September 28th is neither the Teacher's Day nor the National Day, what festival is it?

Zhāng Huá: Wǒ tíxǐng tíxǐng nǐ, zhè shì yí ge quánjiā tuánjù de rìzi,

张 华：我 提 醒 提 醒 你，这 是 一 个 全 家 团 聚 的 日 子，

zhè yì tiān wǎnshàng quánjiārén zài yìqǐ yìbiān chī yuèbǐng,

这 一 天 晚 上 全 家 人 在 一 起 一 边 吃 月 饼，

yìqǐ shǎng yuè.

一 起 赏 月。

Zhang Hua: I'll give you some clues, this is a day of family reunion, the whole family gets together, having moon cakes and admiring the beauty of moon in the evening.

Mǎlì: Ā, wǒ zhīdào le, shì Zhōngqiū Jié.
玛 丽： 啊，我 知 道 了，是 中 秋 节。
Mary: Oh, I know, that's Mid-autumn Festival.

Zhāng Huá: Duì le, jīnnián de jiǔ yuè èrshíbā hào shì Zhōngguó nónglì de bā-
张 华： 对 了，今 年 的 9 月 28 号 是 中 国 农 历 的 八
yuè shíwǔ, yě jiùshì Zhōngguó de Zhōngqiū Jié. Wǒ qǐng nǐ hé
月 十 五，也 就 是 中 国 的 中 秋 节。我 请 你 和
nǐ nánpéngyou qù wǒ jiā chīfàn, zěnmeyàng?
你 男 朋 友 去 我 家 吃 饭，怎 么 样？
Zhang Hua: Right, in this year September 28th is the 15th day of the 8th lunar month, that's
Chinese Mid-autumn Festival. I'd like to invite you and your boyfriend to
have a dinner in my home, OK?

Mǎlì: Tài hǎo le! Wǒmen yídìng qù.
玛 丽： 太 好 了！我 们 一 定 去。
Mary: That's great! I'm sure we will come.

New Words

1. 中秋节	Zhōngqiū Jié	pn.	Mid-autumn Festival
2. 情人节	Qíngrén Jié	pn.	Saint Valentine's Day
3. 礼物	lǐwù	n.	present
4. 枝	zhī	mw.	a measure word
5. 鲜花	xiānhuā	n.	flower
6. 巧克力	qiǎokèlì	n.	chocolate
7. 除了	chúle	prep.	except
8. 以外	yǐwài	n.	besides
9. 计划	jìhuà	v.	plan
10. 顿	dùn	mw.	a measure word
11. 餐	cān	n.	dinner
12. 追求	zhuīqiú	v.	run after

13. 浪漫	làngmàn	*adj.*	romantic
14. 惊喜	jīngxǐ	*adj.*	surprise
15. 猜	cāi	*v.*	guess
16. 节日	jiérì	*n.*	festival
17. 既	jì	*adv.*	either
18. 教师节	Jiàoshī Jié	*pn.*	Teacher's Day
19. 国庆节	Guóqìng Jié	*pn.*	National Day
20. 提醒	tíxǐng	*v.*	remind; give clues
21. 全	quán	*adj.*	whole
22. 团聚	tuánjù	*v.*	reunite
23. 日子	rìzi	*n.*	date
24. 一边	yìbiān	*adv.*	as well as
25. 月饼	yuèbǐng	*n.*	moon cake
26. 赏	shǎng	*v.*	admire
27. 月	yuè	*n.*	moon
28. 农历	nónglì	*n.*	lunar calendar

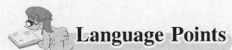 **Language Points**

1 农历

Traditional Chinese calendar (lunar calendar)

农历：中国传统的纪年方法。

Lunar calendar: a traditional Chinese way of counting the years.

2 那还用说

Take it for granted; for sure

"那还用说"意思是"理所当然"。

"那还用说" means "take it for granted; for sure".

3 快……了

Soon

表示一个时间、动作或情况很快要发生。如：

"快…了" indicates the time, an action or a condition is coming soon. For example:

快到中秋节了，我得买些月饼。

Mid-autumn Festival is coming, and I have to buy some moon cakes.

火车快到北京了。

The train will arrive in Beijing soon.

4 除了……以外

Except

1) 与"都""全"一起使用时，表示排除特殊，强调一致。如：

It indicates excluding the special one and emphasizing what's the same when it's used with "都" and "全". For example:

除了张华以外，别人都不知道这件事。

No one knows this thing except for Zhang Hua.

李娜除了会说英语以外，日语、法语都不会说。

Li Na can speak English, but not Japanese and French.

2) 与"还""也"一起使用时，表示排除已知，补充其他。如：

It indicates excluding the known ones and including new ones. For example:

他除了学习汉语以外，还学习英语。

He learns English besides Chinese.

5 既……也/又

Both...and...

副词"既"跟"也、又"等副词呼应，表示两种情况兼而有之。如：

The adverb "既" takes consistency with the adverbs "也，又", indicates two conditions exist at the same time. For example:

今天既不是教师节,也不是国庆节。

Today is neither the Teacher's Day nor the National Day.

这个孩子既聪明又可爱。

The child is both clever and lovely.

她既懂英语,又懂汉语。

She knows both English and Chinese.

6　一边……一边……

... while ...

关联副词"一边……一边……",表示两种以上的动作同时进行。用在动词前。如:

The conjunction adverb "一边…一边…" indicates two or more than two actions going on at the same time. It's used before verbs. For example:

孩子们一边唱歌,一边跳舞。

Children are singing as well as dancing.

他一边说着话,一边打扫房间。

He is talking while tidying up the room.

中秋节的晚上,人们一边吃月饼,一边赏月。

People have moon cakes and admire the beauty of moon in the evening of Mid-autumn Festival.

 **Exercises**

一　**连线**

Link the matching festivals with the dates

中秋节	1 月 1 号
情人节	2 月 14 号
国庆节	农历八月十五
元旦	10 月 1 号

二　选择恰当的词语填空
Fill in the blanks with proper words

1) 情人节快到了你打算送(　　)女朋友什么礼物?
　　A. 到　　　　　　　B. 给　　　　　　　C. 往

2) 明天是什么节日,你(　　)我。
　　A. 提醒提醒　　　B. 提提醒醒　　　C. 提醒-提醒

3) 张华除了喜欢打球、下棋(　　),还喜欢唱歌。
　　A. 以后　　　　　B. 以外　　　　　C. 外边

4) 我请你去我家吃(　　)饭。
　　A. 顿　　　　　　B. 遍　　　　　　C. 趟

5) 今天既不是教师节,(　　)不是国庆节。
　　A. 还　　　　　　B. 也　　　　　　C. 都

6) 中秋节是(　　)家团聚的日子。
　　A. 齐　　　　　　B. 都　　　　　　C. 全

7) 中秋节这一天,人们坐在一起,(　　)吃月饼,(　　)赏月。
　　A. 既……也　　　B. 一边……一边　　C. 除了……以外

8) 情人节的时候,我会给女朋友一个(　　)的。
　　A. 高兴　　　　　B. 喜欢　　　　　C. 惊喜

三　选择所给词语的正确位置
Choose the correct positions for the words

1) 我们 A 追求 B 是 C 浪漫 D。　　　　　　　　　　(的)

2) 小王除了给女朋友 A 买鲜花和巧克力以外,B 还 C 想 D 请她吃顿饭。
　　　　　　　　　　　　　　　　　　　　　　　　　(再)

3)A 中秋节是 B 全家 C 团聚的 D 节日。　　　　　　(一个)

四 判断句子对错
True or false

1）快中秋节到了。 （　　）

2）大山去商店买除了牙膏、肥皂以外,还买了几条毛巾。 （　　）

3）这是新的一本汉语词典。 （　　）

4）老师,这个词怎么读,请你提醒一提醒我。 （　　）

第9课 Lesson 9

Chūn Jié shì Zhōngguó zuì zhòngyào de jiérì
春节是中国最重要的节日
Spring Festival Is the Most Important Festival in China

 **Dialogue**

Lǐ Nà: Nǐ zài Zhōngguó guòguo Chūn Jié ma?
李 娜： 你在中国过过春节吗?
Li Na: Have you had a Spring Festival in China?

Dàshān: Wǒ méi zài Zhōngguó guòguo. Zhōngguórén guò Chūn Jié gēn Xīfāng-
大 山： 我没在中国过过。中国人过春节跟西方
rén guò Shèngdàn Jié yíyàng rènao ma?
人过圣诞节一样热闹吗?
Da Shan: No, I haven't. Do the Chinese celebrate Spring Festival in the same way as the western people celebrating Christmas with great fun?

Lǐ　Nà:　Chàbuduō.　　Chūn Jié　shì Zhōngguó zuì zhòngyào de　jiérì,　　guò Chūn

李　娜：　差 不 多。 春节是中国最重要的节日，过春

Jié de shíhou　rènao　jí le,　 jiājiā　 hùhù　dōu tiē chūnlián,

节 的 时 候 热 闹 极 了，家 家 户 户 都 贴 春 联，

bāo jiǎozi,　fàng biānpào.　Guònián de shíhou　zuì gāoxìng de shì

包 饺 子、放 鞭 炮。 过 年 的 时 候 最 高 兴 的 是

háizi,　　tāmen búyòng qù shàngxué, hái kěyǐ dédào yāsuì-

孩 子，他 们 不 用 去 上 学，还 可 以 得 到 压 岁

qián.

钱。

Li Na:　　More or less. Spring Festival is the most important festival in China, and it's bustling during the holiday. Every family pastes on Spring Festival couplets on their gates, makes dumplings and sets off firecrackers. Children particularly enjoy themselves by receiving some money as gift and not going to the school during Spring Festival.

Dàshān:　Zhēn yǒu yìsi,　míngnián wǒ yě zài Zhōngguó guò Chūn Jié.

大　山：　真 有 意 思，明 年 我 也 在 中 国 过 春 节。

Da Shan:　It's interesting, and I will spend Spring Festival in China next year.

Zhāng Huá:　Mǎlì,　lái,　bāng wǒ　tiē chūnlián.

张　华：　玛 丽，来，帮 我 贴 春 联。

Zhang Hua:　Mary, come on. Help me paste on Spring Festival couplets.

Mǎlì:　Hǎo lei!

玛　丽：　好 嘞！

Mary:　OK!

Zhāng Huá:　Bǎ　nà zhāng "fú"　zì　ná　guòlai.

张　华：　把 那 张 "福" 字 拿 过 来。

Zhang Hua:　Hand me that piece of "fu".

Mǎlì:　　　Gěi nǐ.　　Āi, Zhāng Huá, nǐ bǎ "fú" zì tiē dào le.
玛 丽：　　给 你。 哎，张 华，你 把 "福" 字 贴 倒 了。
Mary:　　　Here you are. Why, Zhang Hua, you paste on the "fu" upside down.

Zhāng Huá:　"Fú" dàole jiù duì le, zhè yě shì Zhōngguórén de xísú.
张 华：　　 "福" 倒 了 就 对 了，这 也 是 中 国 人 的 习 俗。
Zhang Hua:　It's right to be upside down, this is a Chinese custom.

Mǎlì:　　　Wèi shénme bǎ "fú" zì dàozhe tiē ne?
玛 丽：　　为 什 么 把 "福" 字 倒 着 贴 呢？
Mary:　　　Why "fu" has to be upside down?

Zhāng Huá:　"Fú" zì dàozhe tiē, biǎoshì "fúqi yǐjīng dào le" de yìsi.
张 华：　　 "福" 字 倒 着 贴，表 示 "福 气 已 经 到 了" 的 意 思。
Zhang Hua:　That means "good luck already comes".

Mǎlì:　　　Ā, tài qíguài le!
玛 丽：　　啊，太 奇 怪 了！
Mary:　　　Hey, it sounds strange to me indeed!

 # New words

1. 春节	Chūn Jié	*pn.*	Spring Festival
2. 重要	zhòngyào	*adj.*	important
3. 西方	xīfāng	*pn.*	occident, west
4. 圣诞节	Shèngdàn Jié	*pn.*	Christmas
5. 一样	yíyàng	*adj.*	same as
6. 热闹	rènao	*adj.*	bustling
7. 差不多	chàbuduō	*adj.*	almost the same
8. 家家户户	jiājiā-hùhù		every family
9. 春联	chūnlián	*n.*	couplet
10. 包	bāo	*v.*	make
11. 鞭炮	biānpào	*n.*	firecracker
12. 压岁钱	yāsuìqián	*n.*	gifts of money

13. 有意思	yǒu yìsi	*adj.*	interesting
14. 明年	míngnián	*n.*	next year
15. 福	fú	*n.*	fu
16. 哎	āi	*interj.*	hey
17. 倒	dào	*v.*	upside down
18. 习俗	xísú	*n.*	custom
19. 表示	biǎoshì	*v.*	indicate
20. 福气	fúqi	*n.*	good luck
21. 意思	yìsī	*n.*	meaning
22. 奇怪	qíguài	*adj.*	strange

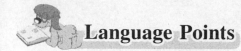

Language Points

1 嘞

A relaxing tone with "嘞"

"嘞"表示轻松的语气。
"嘞" indicates a relaxing tone.

2 用"跟……一样"的比较句

Comparative sentences with "跟...一样"

"跟……一样" 表示前后两个事物一样。其否定形式是"跟……不一样"。如：
"跟...一样" indicates two things are the same. The negative form is "跟...不一样".
For example:

我的裤子跟李娜的一样。
My trousers is the same as Li Na's.

农村跟城市不一样。
The country is different from the city.

我跟张华的爱好不一样。
My hobby isn't the same as Zhang Hua's.

3 名量词的重叠
The reduplication pattern of nominal measure words

名量词重叠后,表示每一个。如:

When the nominal measure word is reduplicated, it indicates every and each. For example:

"家家户户"意思是"每家每户"。
"家家户户" means "每家每户".

"人人"意思是"每个人"。
"人人" means "每个人".

"年年"意思是"每年"。
"年年" means "每年".

 **Exercises**

一 连线组词
Link the matching characters into words

饺　春　表　鞭　奇　习　热

炮　示　闹　联　怪　俗　子

二 选择恰当的词语填空
Fill in the blanks with proper words

1) 我(　　)在中国过过春节。
　　A. 不　　　　　　B. 没　　　　　　C. 别

2) 美国是(　　)国家。
　　A. 西边　　　　　B. 西部　　　　　C. 西方

3) 过春节(　　)高兴的是孩子。
　　A. 很　　　　　　B. 真　　　　　　C. 最

4) 过春节的时候,孩子们还可以得(　　　)压岁钱。

    A.到　　　　　　　　B. 倒　　　　　　　　C. 道

5) "福"字倒(　　　)贴,意思是"福气已经到了"。

    A.了　　　　　　　　B. 着　　　　　　　　C. 过

6) 张华(　　　)"福"字贴倒了。

    A. 让　　　　　　　　B. 给　　　　　　　　C. 把

三　选择最合适的应答句
Choose the proper answers

1) 你在中国过过中秋节吗?

    A. 别在中国过中秋节。

    B. 不在中国过中秋节。

    C. 没在中国过过中秋节。

2) 中国人过春节跟西方人过圣诞节一样热闹吗?

    A. 不跟一样。

    B. 差不多。

    C. 跟不一样。

3) 张华为什么把"福"字倒着贴呢?

    A. 贴对了。

    B. 表示"福气到了"的意思。

    C. 表示中国人的习俗。

4) 中国人怎么贴"福"字?

    A. 贴错了。

    B. 倒着贴。

    C. 贴倒着。

四　选择所给词语的正确位置
Choose the correct positions for the words

1) 我 A 在中国 B 过 C 过 D 春节。　　　　　　　　　　(没)

2) 这件衣服 A 跟 B 那件衣服 C 一样 D。　　　　　　　(不)

3) A 过春节的时候，B 高兴的 C 是 D 孩子。　　　　（最）

4) 春节是中国 A 最重 B 要 C 节日 D。　　　　　（的）

五　修改病句

Correct the following sentences

1) 中国过春节时候热闹极了。

2) 孩子们不上学，可以还得到压岁钱。

第10课　Lesson 10
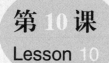

Wǒmen qù Hā'ěrbīn lǚyóu
我 们 去 哈 尔 滨 旅 游
We'll Go to Visit Harbin

 **Dialogue**

ZhāngHuá: Shǔjià nǐmen jìhuà qù nǎr lǚyóu?
张 华：暑 假 你 们 计 划 去 哪 儿 旅 游？
Zhang Hua: Where are you going to in the summer vacation?

Mǎlì: Wǒ nǎr yě bù xiǎng qù, wǒ hái xiǎng liú zài Běijīng. Běijīng
玛 丽：我 哪 儿 也 不 想 去，我 还 想 留 在 北 京。北 京
shì Zhōngguó de wénhuà zhōngxīn, hěn duō míngshènggǔjì wǒ hái méi
是 中 国 的 文 化 中 心，很 多 名 胜 古 迹 我 还 没
cānguānguo ne.
参 观 过 呢。
Mary: I'd like to stay in Beijing rather than going somewhere. Beijing is China's cultural center, and there are many scenic spots and historical sites I haven't been to.

Jiékè: Wǒmen jiù zài Běijīng shàngxué,
杰 克：我 们 就 在 北 京 上 学，
yǒude shì shíjiān cānguān Běijīng
有 的 是 时 间 参 观 北 京
de míngshènggǔjì. Wǒ rènwéi
的 名 胜 古 迹。我 认 为

yīnggāi qù Hā'ěrbīn. Xiàtiān Běijīng hěn rè, Shànghǎi huò
应 该 去 哈 尔 滨。 夏 天 北 京 很 热，上 海 或
Guǎngzhōu gèng rè, Hā'ěrbīn yào liángkuai yìxiē. Zánmen yì-
广 州 更 热，哈 尔 滨 要 凉 快 一 些。 咱 们 一
qǐ qù Hā'ěrbīn ba.
起 去 哈 尔 滨 吧。

Jack: We're studying in Beijing, and there is much time to spend in Beijing. I think we should go to Harbin. Beijing is very hot in summer, Shanghai or Guangzhou is hotter, but Harbin is cooler. Let's go to visit Harbin.

Zhāng Huá: Zhège zhǔyi búcuò, nǐmen jiù qù Hā'ěrbīn ba! Bié wàng-
张 华： 这 个 主 意 不 错，你 们 就 去 哈 尔 滨 吧！ 别 忘
le gěi wǒ dài jìniànpǐn huílai.
了 给 我 带 纪 念 品 回 来。

Zhang Hua: This is a good idea, so you may go to visit Harbin. Remember to bring me some souvenirs.

Zhāng Huá: Nǐmen zài Hā'ěrbīn zhào de zhāopiàn dōu xǐ chūlai le ma?
张 华： 你 们 在 哈 尔 滨 照 的 照 片 都 洗 出 来 了 吗？

Zhang Hua: Have you developed your photos taken in Harbin?

Lǐ Nà:　　Bié tí le,　yì zhāng yě bù qīngchu.
李　娜：　别　提　了，一　张　也　不　清　楚。
Li Na:　　I hate to mention it, not a single one was good enough.

Zhāng Huá:　Zhè shì zěnme huí shì?　Shì bu shì zhàoxiàngjī huài le?
张　华：　这　是　怎　么　回　事？是　不　是　照　相　机　坏　了？
Zhang Hua:　What's the matter? Was there anything wrong with the camera?

Lǐ Nà:　　Bú shì zhàoxiàngjī de wèntí,　érshì nà jǐ tiān de tiānqì tài
李　娜：　不　是　照　相　机　的　问　题，而　是　那　几　天　的　天　气　太
　　　　zāogāo le,　yìzhí xià yǔ,　méiyǒu yángguāng, zhào de　yìdiǎn-
　　　　糟　糕　了，一　直　下　雨，没　有　阳　光，照　得　一　点
　　　　r yě bù qīngchu.
　　　　儿　也　不　清　楚。
Li Na:　　Nothing was wrong with the camera, but the weather was too bad, it was raining and there was no sunshine. So our photos were not clear at all.

Zhāng Huá:　Zhēn shì tài kěxī le.
张　华：　真　是　太　可　惜　了。
Zhang Hua:　It's really a pity.

New Words

1. 哈尔滨	Hā'ěrbīn	*pn.*	Harbin
2. 暑假	shǔjià	*n.*	summer vacation
3. 旅游	lǚyóu	*v.*	visit
4. 留	liú	*v.*	stay
5. 文化	wénhuà	*n.*	culture
6. 中心	zhōngxīn	*n.*	center
7. 参观	cānguān	*v.*	visit
8. 认为	rènwéi	*v.*	think
9. 上海	Shànghǎi	*pn.*	Shanghai
10. 广州	Guǎngzhōu	*pn.*	Guangzhou

11. 凉快	liángkuai	*adj.*	cool
12. 主意	zhǔyi	*n.*	idea
13. 纪念品	jìniànpǐn	*n.*	souvenir
14. 照	zhào	*v.*	take
15. 出来	chūlái	*v.*	come out
16. 提	tí	*v.*	mention
17. 照相机	zhàoxiàngjī	*n.*	camera
18. 坏	huài	*adj.*	broken
29. 而是	érshì	*conj.*	but
20. 糟糕	zāogāo	*adj.*	too bad
21. 阳光	yángguāng	*n.*	sunshine
22. 清楚	qīngchu	*adj.*	clear
23. 可惜	kěxī	*adj.*	pity

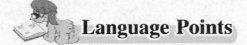 **Language Points**

① 代词"哪儿"
Pronoun "哪儿"

用于任指,表示任何一个,后边常常有"都、也"呼应。如:
The pronoun "哪儿" refers to anywhere, "都" or "也" often follows to strenghten it. For example:

我哪儿也没去过。
I haven't been to anywhere.

我哪儿都不想去。
I don't want to go anywhere.

② 别提了
Don't ask!

"别提了"表示程度很深不必细说,有夸张的语气,好事坏事都可以用。如:

"别提了" has exaggerative meaning, and can be used either for good or bad things. For example:

A：你这次汉语考试考得怎么样？
A: What about your Chinese test?

B：别提了，考得太糟糕了。
B: I hate to mention it, it's too bad.

③ 复合趋向补语"回来、出来"
The compound directional complement "回来,出来"

别忘了给我带纪念品回来。
Remember to bring me a souvenir.

他从教室里走出来。
He went out from the classroom.

杰克从上海买回来很多好吃的。
Jack bought many delicious kinds of food from Shanghai.

④ 不是……而是……
... not ..., but...

前后两部分，前一部分表示否定，后一部分表示肯定。例如：
The first part denotes negation, while the second part denotes affirmation. For example:

李娜的妈妈不是老师，而是医生。
Li Na's mother isn't a teacher but a doctor.

这不是照相机的问题，而是天气太糟糕了。
Nothing was wrong with the camera, but the weather was too bad.

张华不是上海人，而是北京人。
Zhang Hua is from Beijing, not Shanghai.

5 一……也……
No exceptions

"一+量词+(名词)+也不(没)……"表示没有例外。如：

"一+量词+(名词)+也不(没)…" indicates no exception. For example:

一张照片也没洗出来。

No photo was developed.

这些东西我一个也不喜欢。

I like neither of them.

今天一个学生也没来。

No student came today.

6 数量词"一点儿"
Measure word "一点儿"

数量词"一点儿"用在"不、没"的前面,表示完全否定,意思相当于"的确、确实"。有时"一点儿"和"不、没"之间可插入"也、都"等。如：

The measure word "一点儿" is used before "不，没" to indicate full negation. It equivals to "的确，确实". Sometimes "也，都" may be used between "一点儿" and "不，没". For example:

刚才老师说的一点儿也不错。

What the teacher said just now was absolutely right.

昨天杰克病了,一点儿饭也没吃。

Jack was ill yesterday and ate nothing.

这件事我一点儿也不知道。

I know nothing about the matter.

 **Exercises**

一 选择恰当的词语填空
Fill in the blanks with proper words

1) 今年暑假我(　　)也不想去,我想留在北京。
　　A. 什么　　　　　　B. 哪儿　　　　　　C. 怎么

2) 她不是美国人,(　　)法国人。
　　A. 可是　　　　　　B. 而是　　　　　　C. 但是

3) 杰克从上海带(　　)很多纪念品。
　　A. 出来　　　　　　B. 回来　　　　　　C. 从来

4) 老师讲的课我(　　)也听不懂。
　　A. 一点儿　　　　　B. 一些　　　　　　C. 有点儿

5) 你去上汉语课的时候(　　)忘了带着词典。
　　A. 没　　　　　　　B. 不　　　　　　　C. 别

二 选择正确的语序
Choose the sentences with correct word order

1) A. 我认为应该去上海旅游
　　B. 我应该认为去上海旅游
　　C. 我认为去上海应该旅游
　　D. 我认为应该上海去旅游

2) A. 照片照得一点也不清楚
　　B. 照得一点儿照片也不清楚
　　C. 照得照片一点儿也不清楚
　　D. 照照片得也一点儿不清楚

3) A. 在上海照的都洗出来了照片
　　B. 照在上海的照片都洗出来了
　　C. 洗照片在上海照的都出来了
　　D. 在上海照的照片都洗出来了

第 11 课　Wǒ qǐng nǐ qù kàn diànyǐng
我请你去看电影
Lesson 11　I'll Invite You to a Film

 **Dialogue**

玛丽：
Mǎlì: Jiékè, jīntiān wǎnshang yǒu kòngr ma? Wǒ yǒu liǎng zhāng diànyǐng-
杰克，今天晚上有空儿吗？我有两张电影
piào, xiǎng qǐng nǐ qù kàn diànyǐng, zěnmeyàng?
票，想请你去看电影，怎么样？
Mary: Jack, do you have time this evening? I have two movie tickets and I'd like to invite you to a movie, OK?

杰克：
Jiékè: Wǒ pà kàn bu dǒng.
我怕看不懂。
Jack: But I'm afraid I can't understand.

玛丽：
Mǎlì: Méi guānxi, wǒ gěi nǐ fānyì.
没关系，我给你翻译。
Mary: Don't worry. I may interpret for you.

杰克：
Jiékè: Hǎo ba. Jǐ diǎn kāiyǎn?
好吧。几点开演？
Jack: OK, when does it start?

玛丽：
Mǎlì: Bā diǎn kāiyǎn, wǒmen qī diǎn sìshí zài jùyuàn ménkǒu jiànmiàn.
八点开演，我们七点四十在剧院门口见面。
Mary: Eight o'clock. We'll meet at twenty to eight at the theater.

Jiékè: Shuō dìng le, bújiàn-búsàn ā.
杰 克： 说 定 了，不 见 不 散 啊。
Jack: OK, be there or be square.

Mǎlì: Bújiàn-búsàn.
玛 丽： 不 见 不 散。
Mary: Alright.

Jiékè: Zhēn bàoqiàn, wǒ chídào le.
杰 克： 真 抱 歉，我 迟 到 了。
Jack: I'm sorry for being late.

Mǎlì: Shuōhǎole qī diǎn sìshí jiànmiàn, wǒ bú dào qī diǎn bàn jiù lái
玛 丽： 说 好 了 七 点 四 十 见 面，我 不 到 七 点 半 就 来
le. Nǐ kànkan biǎo, dōu jǐ diǎn le, nǐ wǎnle shíwǔ fēn-
了。 你 看 看 表，都 几 点 了，你 晚 了 十 五 分
zhōng.
钟。
Mary: We planned to meet at twenty to eight, and I was here before half past seven. Look at your watch, what time is it? You were late for a quarter.

Jiékè: Bié tí le, wǒ liù diǎn bàn jiù cóng jiā li chūfā le, nǎ zhīdào
杰 克： 别 提 了，我 六 点 半 就 从 家 里 出 发 了，哪 知 道
lù shang dǔ chē dǔle bàn ge xiǎoshí.
路 上 堵 车 堵 了 半 个 小 时。
Jack: I hate to mention it. I left home at half past six, but we were stuck in the traffic for half an hour.

Mǎlì: Wǒ hái yǐwéi nǐ bù lái le ne.
玛丽： 我 还 以 为 你 不 来 了 呢。
Mary: I thought you wouldn't come.

Jiékè: Nǎ néng bù lái ne. dōu shuō hǎo le. Zháojí le ba, zánmen kuài
杰克： 哪 能 不 来 呢，都 说 好 了。着 急 了 吧，咱 们 快

jìnqu ba, diànyǐng mǎshàng jiù yào kāiyǎn le.
进 去 吧，电 影 马 上 就 要 开 演 了。

Jack: How can I do that? We have decided upon it, haven't we? Sorry to make you worried, let's come in, the movie is going to start soon.

New Words

1. 电影	diànyǐng	*n.*	movie
2. 空儿	kòngr	*n.*	time
3. 票	piào	*n.*	ticket
4. 怕	pà	*v.*	afraid
5. 懂	dǒng	*v.*	understand
6. 翻译	fānyì	*v.*	interpret
7. 开演	kāiyǎn	*v.*	perform
8. 剧院	jùyuàn	*n.*	theater
9. 门口	ménkǒu	*n.*	door
10. 见面	jiànmiàn	*v.*	meet
11. 定	dìng	*v.*	decide
12. 不见不散	bújiàn-búsàn		don't leave without seeing each other; be there or be square
13. 抱歉	bàoqiàn	*adj.*	sorry
14. 迟到	chídào	*v.*	come late
15. 表	biǎo	*n.*	watch
16. 晚	wǎn	*adj.*	late

17.	分钟	fēnzhōng	*mw.*	minute
18.	出发	chūfā	*v.*	leave
19.	堵车	dǔchē	*v.*	traffic jam
20.	着急	zháojí	*adj.*	anxious, worried
21.	进去	jìnqu	*v.*	come in
22.	马上	mǎshàng	*adv.*	soon

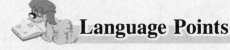 **Language Points**

① **可能补语"看不懂"**

The potential complement "看不懂"

动词"懂"可以在动词后表示动作的结果。"不懂"可以做前边动词"看"的可能补语,意思是"不能看懂"。

The verb "懂" follows verbs to indicate results. "不懂" can be the potential complement of the verb "看", meaning "不能看懂".

② **结果补语"定"、"好"**

The resultative complement "定", "好"

1) 动词"定"用在动词后,表示"决定、确定"。如:

The verb "定" follows verbs, meaning "决定,确定". For example:

说定了,不见不散。

Be there or be square.

这件衣服我很喜欢,所以我买定了。

I am fond of this clothes, I'll buy it.

2) 形容词"好"用在动词后,表示"完成或达到完善的地步"。如:

The adjective "好" follows verbs to indicate "a completed action". For example:

都说好了,哪能不来呢。

How can I not come? We have decided upon it.

穿好衣服再出去,别感冒了。

Put on your clothes before leaving, don't catch a cold.

3 副词"哪"
Adverb "哪"

副词"哪"用于反问,表示否定。如:
The adverb "哪" is used for a rhetorical question. For example:

哪知道路上堵车了。   意思是:没想到路上堵车了。

Who knew that there was a traffic jam on the way. It means: It is unexpected that there was a traffic jam on the way.

哪有这样的事?   意思是:没有这样的事。

How could this happen? It means: It was impossible for this to happen.

4 "认为"和"以为"
"认为" and "以为"

都表示对人或事物作出判断。"以为"多用于与事实不符的判断,而"认为"只用于符合事实的判断。如:
Both words indicate making judgments on people or things. "以为" is usually used for judgments being inconsistent with the facts, and "认为" is only used for judgments being consistent with the facts. For example:

我还以为你不来了呢,没想到你竟然来了。

I thought you wouldn't come, but to my surprise you came.

我认为汉语不难。

I don't think Chinese is difficult.

 **Exercises**

一　选择恰当的词语填空
Fill in the blanks with proper words

1) 说(　　)了,八点在学校门口见面,不见不散。
　　A.完　　　　　B.定　　　　　C.住

2) 你看看表(　　)几点了,你怎么才来?
　　A.还　　　　　B.可　　　　　C.都

3) 杰克的汉语水平不高,现在还(　　)中国电影。
　　A.看不懂　　　B.看不了　　　C.看不着

4) 咱们快(　　)吧,电影马上就要开演了。
　　A.进来　　　　B.进去　　　　C.回来

5) 你晚了半个小时,我还(　　)你不来了呢!
　　A.认为　　　　B.觉得　　　　C.以为

6) 我六点半就从家里出发了,(　　)知道路上堵车堵了四十分钟。
　　A.怎么　　　B.哪　　　　　C.什么

二　选择最合适的应答句
Choose the correct answers

1) 我还以为你不来了呢。
　　A.说定了　　　　　　B.不见不散　　　C.哪能不来呢

2) 我怕我看不懂中国电影。
　　A.我有两张电影票　　B.我给你翻译　　C.别怕

3) 你怎么现在才来?
　　A.别提了,路上堵车了　B.我晚了四十分钟　C.我六点就从家里出发了

4) 咱们在哪儿见面?
　　A.七点半　　　　　　B.电影院门口　　C.去电影院

三 选择所给词语的正确位置
Choose the correct positions for the words

1）咱们 A 快 B 进去吧，C 京剧 D 就要开演了。 （马上）

2）我从家里出来 A，堵车 B 堵 C 半个小时 D，所以现在才到。 （了）

3）A 昨天张华 B 翻译 C 了 D 一本书。 （给我）

4）A 杰克 B 和张华 C 在剧院门口 D。 （见面）

第12课　Lesson 12

Wǒmen hùxiāng fǔdǎo
我 们 互 相 辅 导
We Tutor Each Other

 **Dialogue**

Jiékè:　Mǎlì,　zuìjìn　nǐ hǎoxiàng hěn máng?
杰 克： 玛 丽，最 近 你 好 像 很 忙？
Jack:　Mary, it seems you are quite busy these days.

Mǎlì:　Shì a.　Wǒ zhǎole yí wèi fǔdǎo lǎoshī.　Tā búdàn gěi wǒ
玛 丽： 是 啊。我 找 了 一 位 辅 导 老 师。她 不 但 给 我

fǔdǎo Hànyǔ,　érqiě hái jiāo wǒ shùxué hé lìshǐ.
辅 导 汉 语，而 且 还 教 我 数 学 和 历 史。

Mary:　Yes. I have found a tutor, who not only tutors me Chinese, but also teaches me math and history.

Jiékè:　Fǔdǎofèi zěnme suàn?
杰 克： 辅 导 费 怎 么 算？
Jack:　How much do you pay for the tutorage?

Mǎlì:　Tā bú yào qián.　Búguò, tā
玛 丽： 她 不 要 钱。不 过，她

yǒu gè yāoqiú, ràng wǒ jiāo
有 个 要 求，让 我 教

tā Yīngyǔ hé yīnyuè, wǒ-
她 英 语 和 音 乐，我

men hùxiāng fǔdǎo.
们 互 相 辅 导。

Mary: She doesn't need me to pay, but she asks me to teach her English and music. We tutor each other.

Jiékè: Yuánlái shì zhèyàng. Wǒ néng bu néng gēn nǐmen yìqǐ xuéxí?

杰 克： 原 来 是 这 样。 我 能 不 能 跟 你 们 一 起 学 习？

Jack: I see. Could I study with you?

Mǎlì: Wǒ děi gēn tā shāngliang shāngliang.

玛 丽： 我 得 跟 她 商 量 商 量。

Mary: I have to discuss with her.

二

Mǎlì: Jiékè, zhè wèi jiùshì wǒ de fǔdǎo lǎoshī, Dīng Lán lǎoshī.

玛 丽： 杰 克， 这 位 就 是 我 的 辅 导 老 师， 丁 兰 老 师。

Mary: Jack, this is my tutor, Ding Lan.

Jiékè: Dīng lǎoshī hǎo, wǒ jiào Jiékè.

杰 克： 丁 老 师 好， 我 叫 杰 克。

Jack: Hello teacher, I'm Jack.

Dīng Lán: Qiānwàn bié zhème chēnghu wǒ,

丁 兰： 千 万 别 这 么 称 呼 我，

zánmen niánlíng dōu chàbuduō,

咱 们 年 龄 都 差 不 多，

xīwàng yǐhòu néng chéngwéi péng-

希 望 以 后 能 成 为 朋

you.

友。

Ding Lan: Please don't call me teacher, we are of nearly the same age, and I hope we will become friends.

Jiékè: Tài hǎo le, nǐ shénme shíhou yǒu shíjiān?

杰 克： 太 好 了， 你 什 么 时 候 有 时 间？

Jack: That's great, when are you free?

Dīng Lán: Xīngqīliù、 rì wǒ dōu xiūxi, kěyǐ gěi nǐ fǔdǎo.
丁 兰： 星 期 六、日 我 都 休 息，可 以 给 你 辅 导。
Ding Lan: I am off on Saturday and Sunday, and I may tutor you.

Jiékè: Xīngqīliù shàngwǔ wǒ yào qù jiàotáng zuò lǐbài, xīngqīliù、
杰 克： 星 期 六 上 午 我 要 去 教 堂 做 礼 拜，星 期 六、
　　　　rì xiàwǔ fǔdǎo zěnmeyàng?
　　　　日 下 午 辅 导 怎 么 样？
Jack: I go to church on Saturday morning, what about tutoring in the afternoon of Saturday and Sunday?

Dīng Lán: Méi wèntí.
丁 兰： 没 问 题。
Ding Lan: No problem.

Jiékè: Wǒ zěnme gēn nǐ liánxì?
杰 克： 我 怎 么 跟 你 联 系？
Jack: How can I get in touch with you?

Dīng Lán: Nǐ dǎ wǒ de shǒujī, wǒ de shǒujī hàomǎ shì
丁 兰： 你 打 我 的 手 机，我 的 手 机 号 码 是
　　　　13902286796。
Ding Lan: You may call me on my cellphone, the number is 13902286796.

Jiékè: Wǒ bǎ nǐ de shǒujī hàomǎ jì xiàlai.
杰 克： 我 把 你 的 手 机 号 码 记 下 来。
Jack: Let me write the number down.

 New Words

1. 互相	hùxiāng	*adv.*	mutually
2. 辅导	fǔdǎo	*v.*	tutor
3. 好像	hǎoxiàng	*adv.*	seemingly
4. 不但	búdàn	*conj.*	not only
5. 而且	érqiě	*conj.*	but also

6. 教	jiāo	*v.*	teach
7. 数学	shùxué	*n.*	math
8. 历史	lìshǐ	*n.*	history
9. 费	fèi	*n.*	payment, fee
10. 算	suàn	*v.*	count
11. 要求	yāoqiú	*n./v.*	request; ask
12. 原来	yuánlái	*adv.*	so
13. 商量	shāngliang	*v.*	consult, discuss
14. 千万	qiānwàn	*adv.*	be sure to
15. 称呼	chēnghu	*v.*	call
16. 年龄	niánlíng	*n.*	age
17. 希望	xīwàng	*v.*	hope
18. 成为	chéngwéi	*v.*	become
19. 教堂	jiàotáng	*n.*	church
20. 礼拜	lǐbài	*n.*	religious service
21. 联系	liánxì	*v.*	get in touch
22. 手机	shǒujī	*n.*	cellphone
23. 号码	hàomǎ	*n.*	number
24. 记下来	jì xiàlai		write down

Language Points

1 不但……而且……

Not only ..., but also ...

"不但……而且……"表示递进关系。如果两个复句的主语相同,"不但"放在第一分句主语之后;如果两个分句的主语不同,"不但"放在第一个分句主语之前。如:
The compound sentence "不但...而且" indicates proogressive relation. If the subjects of two compound sentences are the same, "不但" follows the subject of the first clause; if the subjects of two clauses are different, "不但" is used before the subject of the first clause. For example:

他不但教我汉语,而且还教我数学和历史。

He tutors me not only Chinese, but also math and history.

不但张华会说英语,而且他妻子也会说英语。

Not only Zhang Hua but also his wife can speak English.

2　副词"互相"
Adverb "互相"

副词"互相"表示彼此同样对待的关系。如:

The adverb "互相" indicates treating each other in the same way. For example:

我们互相辅导。

We tutor each other.

我们互相帮助。

We help each other.

3　副词"原来"
Adverb "原来"

副词"原来"表示发现真实情况,有突然明白的意思。如:

The adverb "原来" indicates finding out the reality in a sudden. For example:

原来你就是丁兰啊。

So you're Ding Lan.

原来你是法国人。

So you're French.

今天天气真冷,原来昨天晚上下雪了。

Today is cold, because it snowed last night.

4　副词"千万"
Adverb "千万"

副词"千万"意思是"一定",后面多用"不、别、要"等词语。如:

The adverb "千万" means "一定", the words like "不,别,要" usually follow it. For example:

你们千万别这样称呼我。

Don't call me this way please.

夏天千万别去南方旅游,南方天气太热了。

Don't go to visit the south in the summer, it's so hot there.

你千万要记住啊。

Be sure to remember.

5 复合趋向补语"下来"(V+下来)

The compound directional complement "下来" (V+下来)

表示通过某个动作使人或物固定在某处。如:

It indicates fixing someone or something in somewhere through an action. For example:

我把你的电话号码记下来。

I am writing down your telephone number.

你把这幅画画下来。

Paint the picture.

你喜欢这件衣服,就把它买下来吧。

Buy the dress if you like it.

Exercises

一 选择恰当的汉字填空

Fill in the blanks with proper characters

1) 你(　　)万别忘了带护照。

    A. 千　　　　　　　　B. 丁　　　　　　　　C 十

2) 这件事我再跟我妻子商(　　)一下。

    A. 重　　　　　　　　B. 量　　　　　　　　C. 星

3) 每个星期六上午我都去教(　　)做礼拜。

    A. 常　　　　　　　　B. 堂　　　　　　　　C. 尝

4) 我给杰克辅导(　　)学和历史。

　　A. 教　　　　　　　B. 放　　　　　　　C. 数

5) 丁兰的手机号(　　)是 13902286796。

　　A. 吗　　　　　　　B. 码　　　　　　　C. 妈

6) 我怎么跟你(　　)系?

　　A. 联　　　　　　　B. 送　　　　　　　C. 取

二　选择恰当的词语填空
Fill in the blanks with proper words

1) 丁兰不但教玛丽汉语,(　　)还教她数学和历史。

　　A. 所以　　　　　　B. 但是　　　　　　C. 而且

2) 丁兰给玛丽辅导汉语,玛丽给丁兰辅导英语,她们(　　)辅导。

　　A. 互相　　　　　　B. 竟然　　　　　　C. 一直

3) 辅导费一(　　)课多少钱?

　　A. 遍　　　　　　　B. 次　　　　　　　C. 节

4) 我知道了,(　　)是这样。

　　A. 先　　　　　　　B. 原来　　　　　　C. 因为

5) 能不能给你辅导,我得跟老师(　　)。

　　A. 商量一商量　　　B. 商商量量　　　　C. 商量商量

6) (　　)别这么称呼我。

　　A. 一万　　　　　　B. 千万　　　　　　C. 百万

7) 星期六上午我要去教堂(　　)礼拜。

　　A. 干　　　　　　　B. 做　　　　　　　C. 打

8) 请你慢点说,我把你的电话号码记(　　)。

　　A. 出来　　　　　　B. 进去　　　　　　C. 下来

三　选择最合适的应答句
Choose the proper answers

1) 辅导费怎么算？
　　A. 不贵　　　　　　B. 不多　　　　　　C. 不要钱

2) 我能不能跟你们一起辅导？
　　A. 不辅导　　　　　B. 不跟　　　　　　C. 不能

3) 丁老师好，我叫杰克。
　　A. 别这样　　　　B. 别称呼这样　　　C. 别这么称呼

4) 我怎么跟你联系？
　　A. 你给我打电话吧　B. 我没有时间　　　C. 我星期六休息

四　选择正确的语序
Choose the sentences with correct word order

1) A. 就是这位我的辅导老师
　　B. 这位我辅导的老师就是
　　C. 这位辅导老师就是我的
　　D. 这位就是我的辅导老师

2) A. 她不但给我辅导汉语，而且还教我数学和历史
　　B. 不但她给我辅导汉语，而且还教我数学和历史
　　C. 她不但给我辅导汉语，还而且教我数学和历史
　　D. 她不但给我辅导汉语，而且教我数学还和历史

3) A. 一节辅导汉语课多少钱
　　B. 辅导一节汉语课多少钱
　　C. 一节课汉语辅导多少钱
　　D. 辅导多少钱一节汉语课

4) A. 以后希望能成为我们朋友
　　B. 我们希望能成为以后朋友
　　C. 我们能希望以后成为朋友
　　D. 希望我们以后能成为朋友

5) A. 请你慢点说，我记一下
　　B. 请你点慢说，我记一下
　　C. 请你说点慢，我一下记
　　D. 你请说慢点，我记一下

单元练习二
Unit Two Exercises

一 选择恰当的词语填空
Fill in the blanks with proper words

1. 丁兰(　　)喜欢唱歌,(　　)还喜欢跳舞和游泳。
   A. 除了……以外　　　B. 虽然……但是　　　C. 不但……而且

2. 我还(　　)是法国人呢,原来你是美国人。
   A. 认为　　　　　　B. 觉得　　　　　　C. 以为

3. 我六点半就从家里出发了,(　　)知道路上堵车堵了四十分钟。
   A. 怎么　　　　　　B. 哪　　　　　　　C. 什么

4. 杰克从上海买(　　)一条新裤子。
   A. 出来　　　　　　B. 回来　　　　　　C. 从来

5. 过春节的时候,(　　)高兴的是孩子。
   A. 很　　　　　　　B. 真　　　　　　　C. 最

6. 我请大家去吃一(　　)法国大餐。
   A. 顿　　　　　　　B. 遍　　　　　　　C. 趟

7. 张华除了喜欢打球、下棋(　　),还喜欢唱歌。
   A. 以后　　　　　　B. 以外　　　　　　C. 什么

8. (　　)这次考试很难,但是王明还是考了一百分。
   A. 竟然　　　　　　B. 虽然　　　　　　C. 当然

二 选择所给词语的正确位置
Choose the correct positions for the words

1. 张华游 A 泳 B 游 C 比我 D 好。　　　　　　　　　　(得)

2. A 意大利队 B 赢了这场比赛, 我 C 真 D 他们感到高兴。 (为)

3. A 真没想到 B 法国队 C 输了 D 这场比赛。 (竟然)

4. 中国人 A 过春节 B 跟 C 过中秋节 D 一样。 (不)

5. 中秋节也是中国 A 最重 B 要 C 节日 D。 (的)

三 综合填空

Fill in the blanks

1. 丁兰是杰克的辅导老师,杰克常常称呼丁兰"丁老师",丁兰告诉杰克(   )别这么称呼她,他们年龄都(   ),丁兰希望他们以后能(   )朋友。

2. 春节是中国最(   )的节日,过春节的时候热闹(   ),家家户户都贴(   ),包(   )、放鞭炮。(   )高兴的是孩子,他们不用去上学,还可以得到压岁钱。

第 13 课
Lesson 13

Jiànkāng cái shì zuì zhòngyào de
健康才是最重要的
Only Health Is the Most Important

 Dialogue

Wáng lǎoshī:	Nǐ liǎnsè bú tài hǎokàn, hǎoxiàng hěn nánshòu.
王老师：	你脸色不太好看，好像很难受。
Miss Wang:	You don't look very well, it seems you are uncomfortable.

Jiékè:	Wǒ kěnéng gǎnmào le. Wǒ bízi bù tōngqì, sǎngzi fā
杰　　克：	我可能感冒了。我鼻子不通气，嗓子发
	gān, yǎnjing lǎo liú yǎnlèi.
	干，眼睛老流眼泪。
Jack:	Maybe I have caught a cold. My nose is stuffed up, my throat feels rough, and I have tears in my eyes.

Wáng lǎoshī:	Qù yīyuàn jiǎnchá le ma?
王老师：	去医院检查了吗?
Miss Wang:	Have you seen the doctor?

Jiékè:	Qù le, yīshēng shuō bú yào jǐn, chī liǎng tiān yào jiù hǎo le,
杰　　克：	去了，医生说不要紧，吃两天药就好了，
	nín bú yòng dānxīn.
	您不用担心。
Jack:	Yes, the doctor said it doesn't matter. I would be all right with some medicine, please don't worry.

102

Wáng lǎoshī:
王老师： 天气越来越凉了，你要多穿点儿衣服，
Tiānqì yuè lái yuè liáng le, nǐ yào duō chuān diǎnr yīfu,

还要多锻炼锻炼身体。
hái yào duō duànliàn duànliàn shēntǐ.

Miss Wang:　It's getting colder and colder, you need to put on more clothes and take more exercises.

Jiékè:
杰　克： 谢谢老师关心，我会注意的。
Xièxie lǎoshī guānxīn, wǒ huì zhùyì de.

Jack:　Thank you, and I will take care.

二

Jiékè:
杰　克： 这不是玛丽吗? 你好像瘦了，越来越苗
Zhè bú shì Mǎlì ma? Nǐ hǎoxiàng shòu le, yuè lái yuè miáo-

条了。
tiao le.

Jack:　Isn't this Mary? You look thinner and slimmer.

Mǎlì:
玛　丽： 我减肥了，每天只吃一顿饭。
Wǒ jiǎnféi le, měitiān zhǐ chī yí dùn fàn.

Mary:　I'm on a diet now, and have one meal per day.

Jiékè:
杰　克： 你身体受得了吗?
Nǐ shēntǐ shòu de liǎo ma?

Jack:　Can you bear it?

Mǎlì:
玛　丽： 为了漂亮，我受得了。
Wèile piàoliang, wǒ shòu de liǎo.

Mary:　I can bear it for the sake of beauty.

Jiékè:
杰　克： 胖一点儿没关系，健康才是最重要的。
Pàng yìdiǎnr méi guānxi, jiànkāng cái shì zuì zhòngyào de.

Jack:　Being fat doesn't matter, only health is the most important.

New Words

1. 脸色	liǎnsè	*n.*	look
2. 好看	hǎokàn	*adj.*	well
3. 难受	nánshòu	*adj.*	uncomfortable
4. 通	tōng	*v.*	open
5. 气	qì	*n.*	breath
6. 嗓子	sǎngzi	*n.*	throat
7. 发	fā	*v.*	feel
8. 干	gān	*adj.*	rough
9. 流	liú	*v.*	run down
10. 眼泪	yǎnlèi	*n.*	tear
11. 要紧	yàojǐn	*v.*	matter
12. 担心	dānxīn	*v.*	worry
13. 越来越	yuè lái yuè		more and more
14. 凉	liáng	*adj.*	cold
15. 锻炼	duànliàn	*v.*	take exercise
16. 关心	guānxīn	*v.*	care
17. 注意	zhùyì	*v.*	take care
18. 瘦	shòu	*adj.*	thin
19. 苗条	miáotiao	*adj.*	slim
20. 减肥	jiǎnféi	*v.*	lose weight; on diet
21. 受	shòu	*v.*	bear
22. 胖	pàng	*adj.*	fat

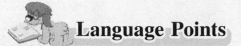

Language Points

1 反问句：不是……吗？

Rhetorical question: 不是...吗?

反问句"这不是玛丽吗？"加强肯定语气，表示"这是玛丽"。如：
The rhetorical question "这不是玛丽吗？" emphasizes the affirmative tone "this is Mary." For example:

这不是张老师吗？
Isn't this Mr. Zhang?

玛丽不是想减肥吗？
Doesn't Mary want to lose weight?

你不是去北京了吗？
Haven't you gone to Beijing?

2 越来越……

More and more

表示程度的加深。如：
It indicates a deepening degree. For example:

天气越来越凉。
It's getting colder and colder.

杰克汉语说得越来越流利。
Jack speaks Chinese better and better.

玛丽越来越苗条了。
Mary is slimmer and slimmer.

3 介词"为了"

Preposition "为了"

表示行为动作的目的和动机。如：
It indicates the purpose and motivation of an action. For example:

为了身体健康,你就别抽烟了。

Don't smoke for the sake of health.

为了减肥,我每天只吃一顿饭。

I have one meal per day to lose weight.

为了考上大学,他每天只睡五个小时觉。

He sleeps five hours every day in order to study for getting into a university.

4 受得了

Bear, stand

表示能忍受,常作谓语或补语。其否定形式是"受不了"。如:

It means bearable, usually used as the predicate or a complement. The negative form is "受不了". For example:

吸烟是影响健康的,你经常吸烟,身体受得了吗?

Smoking is harmful to health, can you bear smoking frequently?

我累得受不了了,让我休息一下吧。

I am too tired, let me have a rest.

5 副词"才"

Adverb "才"

表示强调所说的事。如:

It is used to emphasize the things mentioned. For example:

健康才是最重要的。

Only health is the most important.

这本词典才是玛丽的。

It is this dictionary that belongs to Mary.

 **Exercises**

一　连线组词
Link the matching characters into words

难　健　苗　减　要　注　眼

泪　康　受　紧　肥　条　意

二　选择恰当的词语填空
Fill in the blanks with proper words

1) 你脸色不太(　　),是不是病了?
　　A. 好看　　　　　　B. 漂亮　　　　　　C. 高兴

2) 医生说杰克的病不(　　)。
　　A. 重要　　　　　　B. 关系　　　　　　C. 要紧

3) 我老生病,妈妈非常(　　)我的身体。
　　A. 担心　　　　　　B. 锻炼　　　　　　C. 难受

4) 身体胖一点没关系,健康(　　)是最重要的。
　　A. 就　　　　　　　B. 才　　　　　　　C. 都

5) 杰克头疼,医生说吃两天药(　　)会好的。
　　A. 才　　　　　　　B. 就　　　　　　　C. 还

6) 妈妈眼睛不太好,老(　　)眼泪。
　　A. 流　　　　　　　B. 出　　　　　　　C. 发

三　选择所给词语的正确位置
Choose the correct positions for the words

1) 天气越来越 A 凉 B 了,你要 C 穿 D 点衣服。　　　　　　(多)

2) A 身体 B 健康，C 你还是 D 别抽烟了。　　　　　（为了）

3) 他朋友 A 来中国 B 留学 C 是 D 学习中国历史。　　　（为了）

4) 王老师 A 认为，身体 B 健康 C 是 D 最重要的。　　　　（才）

Mèilì cóng tóu kāishǐ

第 14 课　美丽从头开始
Lesson 14　Beauty Starts from Head

Dialogue

Fúwùyuán:	Huānyíng guānglín lǐfàchéng. Qǐng shāoděng yíhuìr, mǎ-
服 务 员：	欢 迎 光 临 理 发 城。 请 稍 等 一 会 儿，马
	shàng huì yǒu lǐfàshī lái jiēdài nǐmen. Nǐmen xiān xuǎnzé
	上 会 有 理 发 师 来 接 待 你 们。你 们 先 选 择
	yíxiàr fàxíng.
	一 下 儿 发 型。
Assistant:	Welcome to Beauty Salon. Wait a moment please, and there will be a hairdresser to serve you soon. You may choose the hairstyle first.

Lǐfàshī:	Èr wèi hǎo, nǐmen liǎ shéi
理 发 师：	二 位 好，你 们 俩 谁
	lǐfà?
	理 发？
Hairdresser:	Hello, ladies, who are you going to have a haircut?
Lǐ Nà:	Wǒ lǐfà.
李 娜：	我 理 发。
Li Na:	It's me.

理发师：Lǐfàshī:
Nǐ xiǎng tàng tóufà háishi jiǎn tóufà?
你 想 烫 头 发 还 是 剪 头 发？
Hairdresser: Do you want to have a perm or a haircut?

李　娜：Lǐ Nà:
Wǒ xiǎng tàng yi tàng, zài rǎn shang diǎn yánsè.
我 想 烫 一 烫，再 染 上 点 颜 色。
Li Na: I'd like to have a perm and dye it.

理发师：Lǐfàshī:
Wǒ gēnjù nǐ de liǎnxíng shèjì yì zhǒng fàxíng, nǐ yídìng
我 根 据 你 的 脸 型 设 计 一 种 发 型，你 一 定
huì hěn mǎnyì de.
会 很 满 意 的。
Hairdresser: I can design a hairstyle according to your features, I'm sure you will like it.

李　娜：Lǐ Nà:
Nà tài hǎo le.
那 太 好 了。
Li Na: Wonderful!

理发师：Lǐfàshī:
Nǐ kàn zhè zhǒng fàxíng, shì bu shì hěn shìhé nǐ. Zài pèi
你 看 这 种 发 型，是 不 是 很 适 合 你？再 配

shang zhè zhǒng pútáo　zǐsè,　xiǎnde　nǐ gèng niánqīng le.
上　这　种　葡萄紫色，显得你更年轻了。

Hairdresser: Look at the hairstyle, lsn't it good on you? And the greyish purple makes you look younger.

Mǎlì: Xiàoguǒ quèshí búcuò, zhēn piàoliang! Zhēn shì "Měilì cóng tóu
玛　丽： 效果确实不错，真漂亮！真是"美丽从头

kāishǐ　a! "
开　始　啊！"

Mary: It's really good, you look so beautiful! It is indeed that "beauty starts from head!"

Lǐ　　Nà: Yǒu　nàme　kuāzhāng ma?
李　　娜： 有那么夸张吗？

Li Na: Is that so?

Mǎlì: Bú xìn nǐ huíqù wènwen nǐ nánpéngyou.
玛　丽： 不信你回去问问你男朋友。

Mary: You may go to ask your boyfriend if you don't believe me.

 New words

1. 美丽	měilì	*n.*	beauty
2. 头	tóu	*n.*	head
3. 开始	kāishǐ	*v.*	start
4. 光临	guānglín	*v.*	visit
5. 理发城	lǐfàchéng	*n.*	beauty salon
6. 稍	shāo	*adv.*	just
7. 一会儿	yíhuìr	*n.*	a moment
8. 理发师	lǐfàshī	*n.*	hairdresser
9. 接待	jiēdài	*v.*	receive, serve
10. 选择	xuǎnzé	*v.*	choose
11. 发型	fàxíng	*n.*	hairstyle

12. 俩	liǎ	*num.*	two
13. 理发	lǐfà	*v.*	have a haircut
14. 剪	jiǎn	*v.*	cut
15. 烫	tàng	*v.*	have a perm
16. 染	rǎn	*v.*	dye
17. 根据	gēnjù	*prep.*	according
18. 脸型	liǎnxíng	*n.*	facial appearance
19. 设计	shèjì	*v.*	design
20. 满意	mǎnyì	*v.*	satisfy
21. 适合	shìhé	*v.*	be perfect
22. 配	pèi	*v.*	match
23. 葡萄紫色	pútáo zǐsè		greyish purple
24. 显得	xiǎnde	*v.*	look
25. 年轻	niánqīng	*adj.*	young
26. 效果	xiàoguǒ	*n.*	effect
27. 确实	quèshí	*adv.*	really
28. 夸张	kuāzhāng	*v.*	overstate

Language Points

1 美丽从头开始

"to start again" or "hair"

"从头"的"头"有两个意思，一个是指"开始"，另一个是指"头发"。所以"美丽从头开始"就有了两个意思，即"美丽从现在开始""美丽从头发开始"。

"头" in "从头" has two meanings, one is "the beginning", the other is "hair". So "美丽从头开始" has two meanings, "Beauty starts from the beginning" and "Beauty starts from the hair".

2 葡萄紫色

Greyish purple

"葡萄紫色"是指像葡萄一样的紫色。
"葡萄紫色" means greyish purple, like the color of grape.

3　一会儿
A moment

V+"一会儿",表示动作的时间短。如果动词有宾语,宾语放在"一会儿"之后。如:
V+"一会儿" indicates an action lasts shortly. If the verb has an object, the object follows "一会儿". For example:

请等一会儿。
Wait a moment please.

我们谈了一会儿工作。
We discussed the work for a while.

4　兼语句(二)
The pivotal sentence (Ⅱ)

带"有"字句的兼语句中,指人的名词不是确指的。如:
In pivotal sentences with "有", the nouns denoting people is often definite. For example:

马上会有理发师来接待你们。不能说:马上会有王兰理发师来接待你们。
There will be a hairdresser to serve you soon. It cannot be: 马上会有王兰理发师来接待你们。

5　结果补语"上"
The resultative complement "上"

"上"常常放在动词后作结果补语或可能补语,表示方向或目的。如:
"上" usually follows a verb as the resultative complement or the potential complement to indicate the direction or purpose. For example:

我想染上一点颜色。
I'd like to dye my hair.

我弟弟考上了大学。
My younger brother is admitted to a university.

6 可能补语(二)

The potential complement (Ⅱ)

V+得(不)+ 趋向补语"出来"

V+得(不)+ directional complement "出来"

"出来"除了表示方向以外,还表示通过某个动作识别。如:

"出来" also indicates recognizing through some action in addition to direction. For example:

简直认不出来了。

One can hardly recognize.

这件衣服我检查出来一个毛病。

I have found a fault on this clothes.

 **Exercises**

一 选择恰当的词语填空

Fill in the blanks with proper words

1) 请(   )等一会儿,张老师马上就到。

    A. 小   B. 稍   C. 少

2) 这种发型很(   )你这种脸型。

    A. 合适   B. 应该   C. 适合

3) 你们(   )位谁理发?

    A. 一   B. 二   C. 俩

4) 玛丽想剪头发,还想染(   )点颜色。

    A. 下   B. 里   C. 上

5) 你的头发真漂亮,这种发型(   )你更年轻了。

    A. 觉得   B. 显得   C. 值得

6) 我给你设计一(   )发型,你一定会很满意的。

    A. 遍   B. 张   C. 种

7) 你在这儿休息一下，一会儿(　　)有服务员来接待你的。
   A. 能　　　　　　B. 会　　　　　　C. 才

8) 你的脸色有点发黑，头发(　　)这种颜色不太好看。
   A. 染　　　　　　B. 剪　　　　　　C. 烫

9) 这种药的(　　)确实不错。
   A. 结果　　　　　B. 效果　　　　　C. 水平

二 连词成句
Link the words into sentences

1) 理发师　有　会　马上　你们　接待　来

_____

2) 先　你们　一下　选择　发型　请

_____

3) 发型　适合　你　种　这　很

_____

第15课
Lesson 15

Huánjìng bǎohù yīnggāi cóng zìjǐ zuòqǐ
环境保护应该从自己做起
Everyone Should Be Responsible for Environmental Protection

 **Dialogue**

Shòuhuòyuán: Nín de shāngpǐn yígòng liùshí yuán líng bā jiǎo, wǒ bǎ zhèxiē
售货员：　　您 的 商 品 一 共 六 十 元 零 八 角，我 把 这 些
shāngpǐn fàngdào sùliàodài li.
商 品 放 到 塑 料 袋 里。

Salesclerk: Your goods are sixty *yuan* and eight *jiao* in
all, and I put them into a plastic bag.

Zhāng Huá: Xièxie, wǒ bù xūyào sùliàodài.
张 华：　　谢 谢，我 不 需 要 塑 料 袋。

Zhang Hua: Thank you, but I don't need the plastic
bag.

Shòuhuòyuán: Nà nín zěnme ná huíqu?
售货员：　　那 您 怎 么 拿 回 去?

Salesclerk: How do you take them back?

Zhāng Huá: Nǐ kàn, wǒ zìjǐ dàile lǚxíngdài. Zhèyàng jì jiéyuē,
张 华：　　你 看，我 自 己 带 了 旅 行 袋。这 样 既 节 约，
yòu huánbǎo.
又 环 保。

Zhang Hua: Look, I have my travel bag. It's economical and environmentally friendly.

Shòuhuòyuán:　Zhēn yīnggāi xiàng nín　xuéxí　a.
售货员：　真 应 该 向 您 学 习 啊。
Salesclerk:　We should learn from you.

Zhāng Huá:　Huánjìng bǎohù　jiù　yīnggāi cóng　zìjǐ　zuòqǐ, cóng xiǎo shì zuò-
张　华：　环 境 保 护 就 应 该 从 自 己 做 起，从 小 事 做
qǐ.
起。
Zhang Hua:　Everybody has the responsibility to protect our environment, and can start from even a small thing.

Zhāng Huá:　Zhè jiā xiǎochīdiàn hěn gānjìng, Zánmen jiù zài　zhèr　chī wǔ-
张　华：　这 家 小 吃 店 很 干 净，咱 们 就 在 这 儿 吃 午
fàn ba.
饭 吧。
Zhang Hua:　The snack bar is very clean, let's have a lunch here.

Qīzi:　Xíng, wǒ　yǒudiǎnr　è　le.
妻　子：　行，我 有 点 儿 饿 了。
Wife:　OK, I am a bit hungry.

Zhāng Huá:　Fúwùyuán,　ná liǎng shuāng
张　华：　服 务 员，拿 两 双
kuàizi　lai.
筷 子 来。
Zhang Hua:　Waiter, take us two pairs of chopsticks.

Fúwùyuán:　Gěi nín　kuàizi.
服 务 员：　给 您 筷 子。
Waiter:　Here are the chopsticks.

Qīzi:　Nǐ kàn, xiànzài dàdà-xiǎoxiǎo　de fàndiàn dōu yòng　yícìxìng
妻　子：　你 看，现 在 大 大 小 小 的 饭 店 都 用 一 次 性

kuàizi,　　jì wèishēng yòu fāngbiàn.
筷子，既卫生又方便。

Wife:　　Look, all the restaurants are using disposable chopsticks as they're sanitary as well as convenient.

Zhāng Huá:　Wǒ bù tóngyì nǐ zhè zhǒng kànfǎ.　Wǒ juéde zhè shì yì
张　华：　我 不 同 意 你 这 种 看 法。 我 觉 得 这 是 一

zhǒng làngfèi xíngwéi.　Zhōngguó yǒu jù gǔhuà jiào "shí nián shù
种 浪 费 行 为。 中 国 有 句 古 话 叫 "十 年 树

mù",　shí nián cái néng chéngcái de shùmù,　jiù zhèyàng bèi zuò-
木"，十 年 才 能 成 材 的 树 木，就 这 样 被 做

chéngle yícìxìng kuàizi, duō kěxī a.
成 了 一 次 性 筷 子，多 可 惜 啊。

Zhang Hua:　I don't agree with you. I think this is a waste. There is an old Chinese saying, "It takes ten years to grow a tree". Trees grow into useful timbers in ten years, but are made into the disposable chopsticks, what a pity.

Qīzi:　Nǐ shuō de yě yǒu dàolǐ.
妻　子：　你 说 得 也 有 道 理。

Wife:　Your have your reason.

New Words

1. 环境	huánjìng	*n.*	environment
2. 保护	bǎohù	*v.*	protect
3. 起	qǐ	*v.*	start
4. 零	líng	*num.*	zero
5. 这些	zhèxiē	*pron.*	these
6. 塑料袋	sùliàodài	*n.*	plastic bag
7. 拿	ná	*v.*	take
8. 回去	huíqù	*v.*	back
9. 旅行袋	lǚxíngdài	*n.*	travel bag
10. 节约	jiéyuē	*v.*	economical

11. 向	xiàng	*prep.*	from
12. 小吃店	xiǎochīdiàn	*n.*	snack bar
13. 午饭	wǔfàn	*n.*	lunch
14. 饿	è	*adj.*	hungry
15. 筷子	kuàizi	*n.*	chopsticks
16. 大大小小	dàdà-xiǎoxiǎo	*adj.*	all
17. 性	xìng	*n.*	nature
18. 卫生	wèishēng	*adj.*	sanitary
19. 方便	fāngbiàn	*adj.*	convenient
20. 同意	tóngyì	*v.*	agree
21. 看法	kànfǎ	*n.*	opinion
22. 浪费	làngfèi	*v.*	waste
23. 行为	xíngwéi	*n.*	behavior
24. 句	jù	*n.*	a measure word
25. 古	gǔ	*adj.*	old
26. 话	huà	*n.*	saying
27. 十年树木	shí nián shù mù		a tree takes ten years to grow into useful timber
28. 成材	chéngcái	*v.*	grow into timber
29. 树木	shùmù	*n.*	tree
30. 被	bèi	*prep.*	by
31. 道理	dàolǐ	*n.*	reason

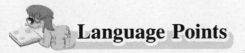 **Language Points**

① 一次性

Disposable

一次性：只一次的，不需或不做第二次的。

"一次性"：It is used only one time, no need or not for the second time.

2 环保

Enviromental protection

环保：是"环境保护"的简称。

"环保"：Short for "环境保护".

3 十年树木

A tree takes ten years to grow into useful timber

十年树木：十年才能把树木培养成材。

"十年树木"：A tree takes ten years to grow into useful timber.

4 "把"字句(三)

The sentence with the character 把 (Ⅲ)

S+把+O+V+结果+处所+方位,如：

S+把+O+V+result+ place + locality, For example:

我把这些东西放到塑料袋里。不能说：我把这些东西放到塑料袋。

I put them into the plastic bag. It cannot be: 我把这些东西放到塑料袋。

5 既……又……

... as well as ...

表示并列关系,可以连接动词、形容词,也可以连接小句。如：

It indicates an equal relationship and may connect verbs, adjectives as well as short sentences. For example:

这件衣服既便宜又好看。

The clothes is cheap as well as nice.

这样既节约,又环保。

It's economical as well as environmentally friendly.

6 介词"向"+n/pr+v

Preposition "向"+n/pr+v

表示动作的对象或方向。如：

It indicates the object or direction of an action. For example:

我们应该向您学习。

We should learn from you.

从这儿向南走，就有一家银行。

Go ahead to the south and there is a bank.

4　V+起

V+起

"起"用在动词后，表示"从……开始"。如：

"起" follows the verb to indicate "从...开始". For example:

保护环境应该从自己做起。

Environmental protection should start from oneself.

汉语知识要从头学起。

The knowledge about Chinese should start to be learned from the beginning.

5　大大小小

A great amount of

是形容词"大小"的重叠形式。意思是"数量多，包括大的和小的"。

It's the reduplicated form of the adjective "大小" and means "a great amount of".

6　"被"动句

Passive sentence with "被"

介词"被"后面的宾语可以省略。被字句式结构为：S+ 被+(O)+V+其他。如：

The object that follows the preposition "被" can be omitted. The structure of the sentence is S+ 被+(O)+V+others. For example:

我的自行车被(同学)骑走了。

My bicycle was ridden (by a classmate).

十年才能长成的树木就这样被(人们)做成了一次性筷子。

Trees that need ten years to grow into useful timber are made into disposable chopsticks.

Exercises

一 选择恰当的词语填空
Fill in the blanks with proper words

1) 这件衣服五十元(　　)八角。
   A. 和 　　　　　 B. 零 　　　　　 C. 还

2) 我把书放在塑料袋(　　)。
   A. 里 　　　　　 B. 进 　　　　　 C. 去

3) 我们应该(　　)你学习。
   A. 对 　　　　　 B. 往 　　　　　 C. 向

4) 环境保护要从小事做(　　)。
   A. 起 　　　　　 B. 上 　　　　　 C. 来

5) 现在(　　)的饭店都用一次性筷子。
   A. 大小大小 　　 B. 大大小小 　　 C. 小小大大

6) 中国有(　　)古话,叫"十年树木"。
   A. 个 　　　　　 B. 张 　　　　　 C. 句

7) 树木(　　)做成一次性筷子太可惜了。
   A. 把 　　　　　 B. 被 　　　　　 C. 让

8) 这个小女孩(　　)漂亮(　　)可爱。
   A. 也……也 　　 B. 既……又 　　 C. 还……还

9) 我不(　　)你这种看法。
   A. 同意 　　　　 B. 以为 　　　　 C. 认为

10) A: 保护环境就是保护自己。
    B: 你说得也有(　　)。
    A. 意思 　　　　 B. 道理 　　　　 C. 看法

二 选择正确的语序

Choose the sentences with correct word order

1) A. 我把这些东西放塑料袋里在
   B. 我把这些东西放在塑料袋里
   C. 我把这些东西在塑料袋里放
   D. 我把这些东西放里在塑料袋

2) A. 环境保护就应该从自己做起
   B. 环境保护应该就从自己做起
   C. 环境保护应该从自己就做起
   D. 环境保护应该从就自己做起

3) A. 我觉得一种这是浪费行为
   B. 我觉得这是浪费一种行为
   C. 我觉得这是浪费行为一种
   D. 我觉得这是一种浪费行为

4) A. 生长十年的树木做成了被一次性筷子
   B. 生长十年的树木被做了成一次性筷子
   C. 十年的生长树木被做成了一次性筷子
   D. 生长十年的树木被做成了一次性筷子

第 16 课
Lesson 16

Wǒ gěi nǐ jiǎng ge gùshì ba
我 给 你 讲 个 故 事 吧
I Am Going to Tell You a Story

Dialogue

Dàshān: Xià xīngqī wǒmen bān jǔxíng Hànyǔ gùshì bǐsài, nǐ gěi wǒ
大　山： 下 星 期 我 们 班 举 行 汉 语 故 事 比 赛，你 给 我

          jiǎng yí ge, hǎo ma?
          讲 一 个, 好 吗?

Da Shan: We'll hold a Chinese story-telling contest in our class next week, could you tell me a story?

Dīng Lán: Guānyú nǎ fāngmiàn de?
丁 兰： 关 于 哪 方 面 的?

Ding Lan: What kind of stories?

Dàshān: Lìshǐ, dìlǐ, chuánshuō, jiàoyù děng fāngmiàn de, dōu kěyǐ.
大 山： 历 史、地 理、传 说、教 育 等 方 面 的，都 可 以。

Ding Lan: Anyone will do, history, geography, folktale, education and so on.

Dīng Lán: Hǎo, wǒ xiànzài jiù gěi nǐ jiǎng yí ge "Kǒng Róng Ràng Lí" de
丁 兰： 好，我 现 在 就 给 你 讲 一 个 "孔 融 让 梨" 的

          gùshì ba.
          故 事 吧。

          Gǔshíhou yǒu ge xiǎoháir jiào Kǒng Róng, tā sì suì de shíhou,
          古 时 候 有 个 小 孩 儿 叫 孔 融，他 四 岁 的 时 候，

quánjiārén   zài   yìqǐ   chī   lí,   tā   nále   yí   ge   zuì   dà   de
全 家 人 在 一 起 吃 梨，他 拿 了 一 个 最 大 的

gěi   bàba,   yòu   nále   yí   ge   xiǎo   yìdiǎnr   de   gěi   gēge,
给 爸 爸，又 拿 了 一 个 小 一 点 儿 的 给 哥 哥，

zìjǐ   chī   zuì   xiǎo   de.   Zhège   gùshì   gàosu   wǒmen   yào   hù-
自 己 吃 最 小 的。这 个 故 事 告 诉 我 们 要 互

xiāng   qiānràng.
相 谦 让。

Ding Lan: OK, I am going to tell you a story of "Kong Rong giving up bigger pear". In ancient time, there was a boy named Kong Rong. When he was four years old, he ate pears with his family, and he took the biggest one to his father, and then a smaller one to his elder brother, and he ate the smallest one.

Dàshān: Zhège   gùshì   suīrán   jiǎndān,   dànshì   hěn   yǒu   jiàoyù   yìyì.
大 山：这 个 故 事 虽 然 简 单，但 是 很 有 教 育 意 义。

Da Shan: This story is simple, but it's really educational.

Lǐ   Nà: Kàn   qilai,   nǐ   jīntiān   xīnqíng   búcuò   a!   Yǒu shén me   xǐshì?
李 娜：看 起 来，你 今 天 心 情 不 错 啊！有 什 么 喜 事？

Shuō   chulai   tīngting.
说 出 来 听 听。

Li Na: It looks like you are in good mood. Any pleasurable thing happened? Tell me.

Zhāng Huá: Gàosu   nǐ   yí   ge   ràng   nǐ   chī-
张 华：告 诉 你 一 个 让 你 吃

jīng   de   xiāoxi,   wǒ   zài   wǒmen
惊 的 消 息，我 在 我 们

gōngsī   jǔbàn   de   xiàngqí   bǐ-
公 司 举 办 的 象 棋 比

sài zhōng   huòdéle   guànjūn.
赛 中 获 得 了 冠 军。

Zhang Hua: Amazing news, I won the first place in the Chinese chess tournament in our company.

Lǐ Nà: Zhídé qìnghè!   Nǐ xià qí de shuǐpíng yuè lái yuè gāo le.
李 娜：值 得 庆 贺！ 你 下 棋 的 水 平 越 来 越 高 了。
Li Na: Congratulations! You are getting more skillful in playing chess.

Zhāng Huá: Nǎr   ǎ,   wǒ méiyǒu nǐ xià de hǎo. Rúguǒ nǐ yǒu shíjiān
张 华： 哪 儿 啊，我 没 有 你 下 得 好。如 果 你 有 时 间
      de huà, zánmen liǎ zài hǎohāor yánjiū yánjiū.
      的 话，咱 们 俩 再 好 好 儿 研 究 研 究。
Zhang Hua: Well, you play better than me. If you have time, we may discuss about chess.

New Words

1.	举行	jǔxíng	*v.*	hold
2.	故事	gùshì	*n.*	story
3.	关于	guānyú	*prep.*	about
4.	方面	fāngmiàn	*n.*	kind
5.	地理	dìlǐ	*n.*	geography
6.	传说	chuánshuō	*n.*	folktale
7.	等	děng	*part.*	and so on
8.	孔融让梨	Kǒng Róng Ràng Lí	*pn.*	Kong Rong giving up the bigger pear
9.	简单	jiǎndān	*adj.*	simple
10.	教育	jiàoyù	*v./n.*	educate; education
11.	意义	yìyì	*n.*	meaning
12.	看起来	kàn qilai		look like

13. 心情	xīnqíng	n.	mood
14. 喜事	xǐshì	n.	happy event
15. 吃惊	chījīng	v.	amaze
16. 消息	xiāoxi	n.	news
17. 举办	jǔbàn	v.	hold
18. 象棋	xiàngqí	n.	Chinese chess
19. 获得	huòdé	v.	win
20. 冠军	guànjūn	n.	champion
21. 庆贺	qìnghè	v.	congratulate
22. ……的话	...de huà		if ...
23. 研究	yánjiū	v.	discuss

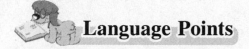 **Language Points**

1 **介词"关于"**
Preposition "关于"

表示关联、涉及的事物。如：
It indicates things that are related and involved. For example:

杰克喜欢看关于文学方面的书。
Jack likes reading literary books.

关于中药,我知道的很少。
I know little about traditional Chinese medicine.

2 **起来**
The complement "起来"

"V+起来"做插入语或句子前一部分,有"估计或着眼于某一方面"的意思。不能加"得、不"。如：
"V+起来" is used as a part of insertion or the first part of the sentence and means an estimation or from a certain perspective. It cannot be inserted "得,不". For example:

看起来今天心情不错啊。
You seem to be delighted today.

这个故事听起来很有意思。
This story sounds very interesting.

3 动词"值得"
Verb "值得"

意思是这样去做有好处、有意义、有价值。后面可以带动词或短句。如：
It means it's good, meaningful and valuable. Verbs or short sentences can follow it. For example:

这个图书馆值得我们参观。
The library is worth visiting.

这本书值得读。
The book is worth reading.

4 ……的话
If

用在假设短句的末尾。常常跟"如果、要是"等合用。如：
It's used at the end of a short suppositional sentence, usually connects with "如果，要是". For example:

如果你去商店的话，帮我买点东西。
Buy something for me if you go to the shop.

如果今天下雨的话，我就不去了。
I wouldn't go if it rains today.

 **Exercises**

一　连线组词

Link the matching characters into words

心　　历　　地　　传　　方　　举　　简　　吃

说　　面　　行　　情　　理　　惊　　史　　单

二　选择恰当的词语填空

Fill in the blanks with proper words

1) 你想学习(　　)哪方面的汉语故事？

   A. 对　　　　　　　B. 关于　　　　　　C. 在

2) 看(　　)杰克今天心情不错。

   A. 上来　　　　　　B. 起来　　　　　　C. 出来

3) 这件事简直(　　)我太吃惊了。

   A. 把　　　　　　　B. 被　　　　　　　C. 让

4) 这个故事虽然简单,但是很有教育(　　)。

   A. 意思　　　　　　B. 意义　　　　　　C. 结果

5) 我(　　)我们公司举办的象棋比赛(　　)获得了冠军。

   A. 在……中　　　　B. 在……里　　　　C. 在……下

6) 我现在就给你讲一个"孔融让梨"的故事(　　)。

   A. 呢　　　　　　　B. 吗　　　　　　　C. 吧

7) 关于这个问题,咱们有时间再(　　)。

   A. 研究研究　　　　B. 研究一研究　　　C. 研研究究

8) (　　)明天不忙的话,我打算去图书馆查资料。

   A. 虽然　　　　　　B. 如果　　　　　　C. 不但

三 选择所给词语的正确位置
Choose the correct positions for the words

1）我买了 A 一本 B 历史 C 方面的 D 汉语书。 （关于）

2）这个消息 A 简直 B 太 C 吃惊了 D。 （让我）

3）如果你 A 想学习 B 汉语 C，我可以教你 D。 （的话）

4）你 A 下棋 B 水平 C 越来越 D 高了。 （的）

5）玛丽在他们 A 班 B 举行 C 汉语 D 比赛中获得了第一名。 （的）

6）现在我就给你 A 讲 B "孔融让梨" 的 C 故事 D 吧。 （一个）

第 17 课　Lesson 17

Nǐ yídìng shì tài mǎhu le
你 一 定 是 太 马 虎 了
You Must Be Too Careless

 **Dialogue**

Érzǐ:
儿 子： 妈妈，我 这 次 化 学 考 试 又 没 考 好，连 几 道
Māma, wǒ zhè cì huàxué kǎoshì yòu méi kǎohǎo, lián jǐ dào

不 该 错 的 题 都 做 错 了。
bù gāi cuò de tí dōu zuòcuò le.

Son: Mom, I didn't do well in the chemistry examination, and I made mistakes on several questions which even shouldn't be wrong.

Māma:
妈 妈： 你 一 定 是 太 马 虎 了。
Nǐ yídìng shì tài mǎhu le.

Mother: You must be too careless.

Érzǐ:
儿 子： 你 跟 老 师 说 的 一 样。考 完 试 之 后，我 被 老
Nǐ gēn lǎoshī shuō de yíyàng. Kǎowán shì zhī hòu, wǒ bèi lǎo-

师 批 评 了 一 顿。
shī pīpíngle yí dùn.

Son: Your words are the same as my teacher's. I was criticized by my teacher after the examination.

Māma:
妈 妈： 老 师 批 评 得 对，你 这 个 马 大 哈，你 什 么 时 候
Lǎoshī pīpíng de duì, nǐ zhège mǎdàhā, nǐ shénme shíhou

cái néng gǎidiào　　mǎmǎ-hūhū　de　máobìng.
才 能 改 掉 马 马 虎 虎 的 毛病。

Mother: Your teacher is right. When will you get rid of your carelessness?

Érzǐ:　Lǎoshī ràng wǒ bǎ　cuòtí　zǐzǐ-xìxì　de chāoxiě wǔ biàn,　wǒ
儿 子：老 师 让 我 把 错 题 仔 仔 细 细 地 抄 写 五 遍，我

jiǎnzhí　tài dǎoméi　le.
简 直 太 倒 霉 了。

Son: My teacher asked me to correct these mistakes carefully for five times each, I am so unlucky.

Māma:　Zhè shì　nǐ / de　jiàoxùn.
妈 妈：这 是 你 的 教 训。

Mother: This is a lesson for you.

Érzǐ:　Bàba　huì　bu　huì shēng wǒ　de　qì?
儿 子：爸 爸 会 不 会 生 我 的 气？

Son: Will dad be angry with me?

Māma:　Nà hái yòng shuō.
妈 妈：那 还 用 说。

Mother: He will.

Qīzi:　Nǐ zěnme　huílai　de zhème　wǎn?
妻 子：你 怎 么 回 来 得 这 么 晚？

Wife: Why do you come back so late?

Zhàngfu:　Wǒ yí　xiàbān　jiù　qù mǎi cǎipiào　le,　mǎi cǎipiào de rén tài duō
丈 夫：我 一 下 班 就 去 买 彩 票 了，买 彩 票 的 人 太 多

le,　wǒ páile bàn xiǎoshí　duì cái　mǎidào.
了，我 排 了 半 小 时 队 才 买 到。

Husband: I went to buy a lottery ticket when I was off duty, and there were so many people buying lottery tickets that I stood in the line for half an hour.

Qīzi: Nǐ dōu mǎile hǎo jǐ nián le, lián wǔ děng jiǎng yě méi zhòngguo,
妻 子： 你 都 买 了 好 几 年 了，连 五 等 奖 也 没 中 过，
bǎ qián dōu làngfèi le.
把 钱 都 浪 费 了。

Wife: You have been buying lottery for several years, but you haven't ever won the fifth prize. A waste of money.

Zhàngfu: Nǐ bié zháojí, zhè cì kěndìng néng zhòng dà jiǎng.
丈 夫： 你 别 着 急，这 次 肯 定 能 中 大 奖。
Husband: Don't worry, I am sure I will win the top prize this time.

Qīzi: Zuòmèng qù ba.
妻 子： 做 梦 去 吧。
Wife: You are daydreaming.

New Words

1. 马虎	mǎhu	*adj.*	careless
2. 化学	huàxué	*n.*	chemistry
3. 连	lián	*prep.*	even
4. 该	gāi	*v.*	should
5. 错	cuò	*adj.*	wrong
6. 之后	zhī hòu		after
7. 批评	pīpíng	*v.*	criticize
8. 马大哈	mǎdàhā	*n.*	a careless person
9. 改	gǎi	*v.*	change
10. 掉	diào	*v.*	drop
11. 毛病	máobìng	*n.*	shortcoming
12. 仔细	zǐxì	*adj.*	careful
13. 地	de	*part.*	a stuctural particle
14. 抄写	chāoxiě	*v.*	copy
15. 倒霉	dǎoméi	*adj.*	unlucky

16. 教训	jiàoxùn	*n./v.*	lesson; give a lesson
17. 生气	shēngqì	*v.*	angry with
18. 彩票	cǎipiào	*n.*	lottery
19. 排队	páiduì	*v.*	stand in a line
20. 中奖	zhòngjiǎng	*v.*	win prize
21. 肯定	kěndìng	*adj.*	sure
22. 做梦	zuòmèng	*v.*	daydream

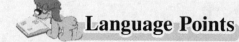

Language Points

① 连······也(都)

Emphasizing with "连...也(都)"

连+名词性词语+也(都),表示强调。如：
连+ nominal words+也(都) indicates emphasis. For example:

他连不该错的题都做错了。
He made mistakes on questions which even shouldn't be wrong.

这道题连老师都不会做。
No one can solve the problem, not even the teacher.

② 结果补语"掉"

The resultative complement "掉"

动词"掉"可用在动词后,表示动作的结果。如：
The verb "掉" can follow a verb to indicate the result of an action. For example:

改掉　　　　　忘掉
give up　　　 forget

3 结构助词"地"(adj+地+v)

The structural particle "地"(adj+地+v)

结构助词"地"一般用在形容词与动词之间。如：

The structural particle "地" is usually used between the adjectives and verbs. For example:

老师让我仔仔细细地抄写课文。

The teacher asked me to copy the text carefully.

我看见他高兴地笑了。

I saw him smiling happily.

4 一……就……

as soon as ...

表示两种行为紧密相连。如：

It indicates two closely related actions. For example:

我一看就知道她很有学问。

I knew she was knowledgeable at first sight.

他一说我就懂了。

I understood as soon as he said it.

 **Exercises**

一　　连线组词
Link the matching characters into words

排　　生　　中　　做　　改　　浪　　倒　　批

费　　队　　评　　掉　　霉　　气　　梦　　奖

二 选择恰当的词语填空
Fill in the blanks with proper words

1) 张老师的女儿这次考试(　　)考好。
   A. 不　　　　　　　B. 没　　　　　　　C. 别

2) 这(　　)数学题我不会做。
   A. 道　　　　　　　B.样　　　　　　　C.条

3) 这次考试王兰(　　)最简单的题(　　)做错了。
   A. 既……又　　　　B. 连……都　　　　C. 连……还

4) 王明是个(　　)的人。
   A. 马虎一下　　　　B. 很马虎马虎　　　C. 马马虎虎

5) 王明一定要改(　　)马大哈的坏毛病。
   A. 完　　　　　　　B. 成　　　　　　　C. 掉

6) 玛丽一放学(　　)去食堂吃饭。
   A. 才　　　　　　　B. 就　　　　　　　C. 刚

7) 马林做事很不认真,简直是个(　　)。
   A. 大马哈　　　　　B. 大马虎　　　　　C. 马大哈

8) 我(　　)才买到这这本书。
   A. 排队了半个小时
   B. 排半个小时队了
   C. 排了半个小时队

9) 张华喜欢买彩票,但是从来没中过奖,他觉得这次肯定能(　　)。
   A. 大中奖　　　　　B. 中奖大　　　　　C. 中大奖

10) 老师让玛丽把错题(　　)。
   A. 抄写五遍仔仔细细地
   B. 五遍抄写仔仔细细地
   C. 仔仔细细地抄写五遍

11) 我考试考得不好,(　　)批评了一顿。
   A. 把　　　　　　　B. 被　　　　　　　C. 得

12) 这件事是(　　)你的教训。

　　　A. 把　　　　　　　B. 对　　　　　　　C. 让

13) 小华这次考试得了满分,妈妈满意(　　)笑了。说:"你真了不起!"

　　　A. 地　　　　　　　B. 的　　　　　　　C. 得

三　选择所给词语的正确位置

Choose the correct positions for the words

1) 我 A 数学 B 考试 C 考得不好 D。　　　　　　　(这次)

2) A 张华 B 下班就去 C 买 D 彩票了。　　　　　　　(一)

3) 张华经常买 A 彩票,可是从来没 B 中 C 奖 D。　　(过)

4) 王明 A 考试的时候太马虎了,老师一定会 B 生 C 气 D。　(他的)

四　读一读,加点字的读音、意思一样吗?

Read aloud, do the dotted characters have the same meaning or pronunciation?

A. 这就是对你的教训。

B. 老师批评得对。

A. 在这次象棋比赛中,张华得了一等奖。
B. 我喜欢数学、历史、文化等。
C. 你们稍等一下,马上会有人来接待你们。

A. 张华喜欢买彩票,但是从来也没中过奖。

B. 在这次数学考试中,有很多问题我都不会做。

第 **18** 课　　Tā de zhīzhi yídìng hěn fēngfù
他 的 知 识 一 定 很 丰 富

Lesson 18　　He must be Knowledgable

 **Dialogue**

Xiǎo Lǐ:　　Wáng jiě, nàge dài yǎnjìng de nánrén shì shéi?
小 李:　　王 姐，那 个 戴 眼 镜 的 男 人 是 谁?
Xiao Li:　　Madam Wang, who is that man with glasses?

Wáng jiě:　　Hái néng shì shéi? Wǒ zhàngfu bei.
王 姐:　　还 能 是 谁? 我 丈 夫 呗。
Madam Wang:　　Can it be anyone else? He is my husband.

Xiǎo Lǐ:　　Ā, yí kàn jiù zhīdào tā shì ge yǒu xuéwèn de rén.
小 李:　　啊，一 看 就 知 道 他 是 个 有 学 问 的 人。
Xiao Li:　　Oh, I knew he must be a knowledgeable man when I saw him.

Wáng jiě:
王 姐：
Tā ya, chúle dú bàozhǐ, jiùshì kàn shū.
他 呀，除 了 读 报 纸，就 是 看 书。
Madam Wang: He does nothing but reads newspapers or books.

Xiǎo Lǐ:
小 李：
Tā dōu dú nǎ fāngmiàn de shū a?
他 都 读 哪 方 面 的 书 啊？
Xiao Li: What books does he read?

Wáng jiě:
王 姐：
Tā shénme shū dōu xǐhuan dú, bǐrú "Hónglóumèng"
他 什 么 书 都 喜 欢 读，比 如《红 楼 梦》
"Sānguó Yǎnyì" "Xīyóujì" "Hāmǔléitè" děng
《三 国 演 义》《西 游 记》《哈 姆 雷 特》等
zhōng-wài míngzhù, tā dōu kànguo.
中 外 名 著，他 都 看 过。
Madam Wang: He reads whatever books, including Chinese and foreign masterpieces such as *A Dream of Red Mansions, Three Kingdoms, Record of A journey to The West* and *Hamlet.*

Xiǎo Lǐ:
小 李：
Tā de zhīshi yídìng hěn fēngfù.
他 的 知 识 一 定 很 丰 富。
Xiao Li: He must be knowledgeable.

Wáng jiě:
王 姐：
Shì a, tā jiǎnzhí jiùshì ge shūdāizi.
是 啊，他 简 直 就 是 个 书 呆 子。
Madam Wang: Right, he is such a bookworm.

Xiǎo Zhāng:
小 张：
Zuótiān wǎnshang wǒ hé tā chǎojià le.
昨 天 晚 上 我 和 他 吵 架 了。
Xiao Zhang: I quarreled with him last night.

Tóngshì:
同 事：
Fūqī zhī jiān nǎ yǒu bù chǎojià de?, Dàodǐ shì wèi-
夫 妻 之 间 哪 有 不 吵 架 的？到 底 是 为
shénme ya?
什 么 呀？

Colleague: Are there any couples who don't quarrel? Why did you quarrel then?

Xiǎo Zhāng: Tā méi jīngguò wǒ tóngyì jiù yòu mǎile yí bù xīn shǒujī.

小 张： 他 没 经 过 我 同 意 就 又 买 了 一 部 新 手 机。

Xiao Zhang: He bought a new cellphone without letting me know.

Tóngshì: Jiù wèi zhè diǎn xiǎo shì shēngqì a, tài bù zhídé le. yàoshì

同 事： 就 为 这 点 小 事 生 气 啊，太 不 值 得 了。要 是

         tā de shǒujī jiù le, huàn yí bù xīn de yě shì yīnggāi de.

         他 的 手 机 旧 了，换 一 部 新 的 也 是 应 该 的。

Colleague: It's unworthy to be angry at such trivial matters. If his cellphone is old, he may deserve a new one.

Xiǎo Zhāng: Yào zhīdào zhè yǐjīng shì jīnnián mǎi de dì-sān bù shǒujī le.

小 张： 要 知 道 这 已 经 是 今 年 买 的 第 三 部 手 机 了。

Xiao Zhang: But this is the third one he bought this year.

Tóngshì: Kànlái nǐmen jiā kě zhēn gòu yǒu qián de.

同 事： 看 来 你 们 家 可 真 够 有 钱 的。

Colleague: You must be very rich.

Xiǎo Zhāng: Nǎ yǒu shénme qián na? Tā jiùshì zhè shān wàngzhe nà shān gāo.

小 张： 哪 有 什 么 钱 哪? 他 就 是 这 山 望 着 那 山 高。

Xiao Zhang: No, we are not, just that he always likes better thing.

Tóngshì: Tā hái zhēn gòu gǎn shímáo de.

同 事： 他 还 真 够 赶 时 髦 的。

Colleague: He is so trendy.

New Words

1. 戴	dài	*v.*	wear
2. 眼镜	yǎnjìng	*n.*	glasses
3. 呗	bei	*part.*	a modal particle
4. 学问	xuéwèn	*n.*	knowledge
5. 呀	ya	*part.*	a modal particle
6. 读	dú	*v.*	read
7. 报纸	bàozhǐ	*n.*	newspaper
8. 《红楼梦》	"Hónglóumèng"	*pn.*	*A Dream of Red Mansions*
9. 《三国演义》	"Sānguóyǎnyì"	*pn.*	*Three Kingdoms*
10. 《西游记》	"Xīyóujì"	*pn.*	*A Journey to the West*
11. 《哈姆雷特》	"Hāmǔléitè"	*pn.*	*Hamlet*
12. 中外	zhōng-wài	*n.*	Chinese and foreign
13. 名著	míngzhù	*n.*	masterpiece
14. 知识	zhīshi	*n.*	knowledge
15. 丰富	fēngfù	*adj.*	rich
16. 书呆子	shūdāizi	*n.*	bookworm
17. 吵架	chǎojià	*v.*	quarrel
18. 同事	tóngshì	*n.*	colleague
19. 夫妻	fūqī	*n.*	couple
20. 之间	zhī jiān		between
21. 经过	jīngguò	*v.*	through
22. 部	bù	*mw.*	a measure word
23. 要是	yàoshì	*conj.*	if
24. 旧	jiù	*adj.*	old
25. 换	huàn	*v.*	change
26. 够	gòu	*v.*	so

27. 望	wàng	*v.*	look over
28. 赶	gǎn	*v.*	follow
29. 时髦	shímáo	*adj.*	fashionable, trendy

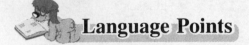

Language Points

1 还能有谁？
There is no other person except for him or her

意思是"没有别人，就是此人"。

It means "there is no other person except for him or her".

2 书呆子
Bookworm

只知道读书，而没有实践经验的人。

Man who does nothing but reads books without practical experience.

3 这山望着那山高
Someone is never satisfied and always expects to get a better one

是指某些人永远不知足，得到了还指望另外更好的。

It denotes that someone is never satisfied and always expects to get a better one.

4 赶时髦
Pursue fashion

追求时尚、流行。

It denotes pursuing fashion and popularity.

5 语气助词"呗"
Modal particle "呗"

语气助词"呗"用于陈述句句末，表示事实明显或道理简单，无需多说。多用于口语。如：

The modal particle "呗" is used at the end of the declarative sentence to indicate distinct fact, or simple reason with no need for explanation. It's usually used in the spoken language. For example:

A：今天谁上课？

A: Who is going to teach us today?

B：张老师呗！

B: Of course it's Mr. Zhang!

6 **名词"之间"：n(+和)+n+之间或 num+n+之间**
Noun "之间"：n(+和)+n+之间 or num+n+之间

"之间"表示两端的距离之内。不能单用。如：

"之间" indicates the distance between two ends. It cannot be used alone. For example:

夫妻之间哪有不吵架的？

Are there any couples who don't quarrel?

苏州在上海和南京之间。

Suzhou is between Shanghai and Nanjing.

7 **代词"哪"**
Pronoun "哪"

1) 代词"哪"表示任指。如：

The pronoun "哪" denotes anything. For example:

他哪方面的书都读。

He reads whatever books.

这几件衣服哪一件都不合适。

None of the clothes is suitable.

2) 副词"哪"用于反问，表示否定。如：

The adverb "哪" is used in an interrogative sentence to indicate negation. For example:

我们家哪有什么钱啊？
We have little money!

哪有这样的事？
Such things never happened!

⑧ "要是……就……"
Compound sentence "要是...就..."

复句"要是……就……"表示假设关系。如：
The compound sentence "要是...就" indicates a presumptive relationship. For example:

要是下雨的话，我就不去爬山了。
I wouldn't go to climb the mountain if it rains.

你要是来，就给我打电话。
Call me if you come.

⑨ 副词"够"
Adverb "够"

用在形容词前，表示程度很深。形容词可以是积极意义的，也可以是消极意义的。如：
It's used before adjectives to indicate a high degree. The adjectives may be positive or negative. For example:

今天可真够冷的。
It's so cold today.

你爱人可真够赶时髦的。
Your husband is so trendy.

 **Exercises**

一　选择恰当的词语填空
Fill in the blanks with proper words

1) 那个(　　)眼镜的男人是谁?
　　A. 穿　　　　　　　B. 戴　　　　　　　C. 用

2) 他什么书都喜欢读,(　　)《红楼梦》《哈姆雷特》什么的,他都读过。
　　A. 好像　　　　　　B. 要是　　　　　　C. 比如

3) 他的(　　)一定很丰富。
　　A. 知道　　　　　　B. 认识　　　　　　C. 知识

4) 这些书(　　)。
　　A. 我一本没也读过　B. 我也没读过一本　C. 我一本也没读过

5) 王姐的丈夫简直就是(　　)书呆子。
　　A. 本　　　　　　　B. 人　　　　　　　C. 个

6) 他没经过我同意就(　　)买了一部新手机。
　　A. 再　　　　　　　B. 还　　　　　　　C. 又

7) 大山的女朋友可真(　　)有钱的。
　　A. 多　　　　　　　B. 太　　　　　　　C. 够

8) 李明这个人,很(　　)时髦。
　　A. 找　　　　　　　B. 赶　　　　　　　C. 跑

9) 就为这点事生气,太不(　　)。
　　A. 觉得　　　　　　B. 获得　　　　　　C. 值得

二　选择画线词语的正确解释
Choose the correct explanations for the wnderlined words

1) 我丈夫简直就是<u>书呆子</u>。
　　A. 只喜欢买书的人
　　B. 只喜欢看书的人
　　C. 很喜欢借书的人

2) 你这个人啊，就是这山望着那山高。
    A. 喜欢爬山   B. 喜欢看山   C. 想得到更好的

3) 现在的年轻人都喜欢时髦的衣服。
    A. 漂亮   B. 现在的新样子   C. 合适

4) 王老师喜欢看中外名著，知识很丰富。
    A. 多   B. 高   C. 大

5) 一看就知道王老师是个有学问的人。
    A. 问题   B. 知识   C. 学习

单元练习三
Unit Three Exercises

一 选择所给词语的正确位置
Choose the correct positions for the words

1. 他 A 经过我 B 同意就 C 又 D 买了一部新手机。　（没）

2. A 这些 B 书我 C 也没有看过 D。　（一本）

3. 一 A 看就知道他 B 是 C 有学问的 D 人。　（个）

4. 我 A 排了 B 半小时队 C 买到 D。　（才）

5. A 我 B 这次化学 C 考试 D 没考好。　（又）

6. 我告诉 A 你 B 让你吃惊 C 的 D 消息。　（一个）

7. 你们 A 先 B 选择 C 发型 D。　（一下）

二 选择恰当的词语填空
Fill in the blanks with proper words

1. 我鼻子不通气，嗓子发干，眼睛＿＿流眼泪。
   A. 旧　　　B. 老　　　C. 多

2. 医生说我的病不＿＿，吃两天药就好了，您不用担心。
   A. 重要　　B. 需要　　C. 要紧

3. 我＿＿你的脸型设计一种发型，你一定会很满意的。
   A. 为了　　B. 根据　　C. 对于

4. 你看，我自己带了旅行袋。这样＿＿节约＿＿环保。
   A. 既……又　　B. 连……也　　C. 一……就

147

5. 咱们＿＿＿再好好研究研究。

    A. 二   B. 两   C. 俩

6. 这个故事虽然简单,但是很有教育＿＿＿。

    A. 想法   B. 意思   C. 意义

7. 我＿＿＿太倒霉了。

    A. 简直   B. 简单   C.容易

8. 这次＿＿＿能中大奖。

    A. 必须   B. 肯定   C. 需要

词 汇 表
Vocabulary

词语	拼音	繁体字	词性	英语注解	课号
A					
哎	āi	哎	*interj.*	hey	9
安排	ānpái	安排	*v.*	arrange	4
B					
把	bǎ	把	*prep./mw.*	a preposition; a measure word	3、5
白酒	báijiǔ	白酒	*n.*	Chinese spirit	4
呗	bei	唄	*part.*	a modal particle	18
办	bàn	辦	*v.*	manage	5
办法	bànfǎ	辦法	*n.*	way	5
包	bāo	包	*v.*	make	9
保护	bǎohù	保護	*v.*	protect	15
报纸	bàozhǐ	報紙	*n.*	newspaper	18
抱歉	bàoqiàn	抱歉	*adj.*	sorry	11
北	běi	北	*n.*	north	2
被	bèi	被	*prep.*	by	15
比	bǐ	比	*prep./v*	than; play	5、7
比赛	bǐsài	比賽	*v.*	match	7
毕业	bìyè	畢業	*v.*	graduate	6
鞭炮	biānpào	鞭炮	*n.*	firecracker	9

遍	biàn	遍	*mw.*	a measure word	2
表	biǎo	表	*n.*	watch	11
表示	biǎoshì	表示	*v.*	indicate	9
表演	biǎoyǎn	表演	*v.*	perform	1
别	bié	别	*adv.*	don't	4
不但	búdàn	不但	*conj.*	not only	12
不过	búguò	不過	*conj.*	but	7
不见不散	bújiàn-búsàn	不見不散		don't leave without seeing each other; be there or be square	11
部	bù	部	*n.*	a measure word	18

C

猜	cāi	猜	*v.*	guess	8
才	cái	才	*adv.*	only	6
彩票	cǎipiào	彩票	*n.*	lottery	17
菜	cài	菜	*n.*	dish	4
菜单	càidān	菜單	*n.*	menu	4
参观	cānguān	參觀	*v.*	visit	10
参加	cānjiā	參加	*v.*	take	1
餐	cān	餐	*n.*	dinner	8
残疾	cánjí	殘疾	*n.*	disability	1
差不多	chàbuduō	差不多	*adj.*	almost the same	9
长途	chángtú	長途	*n.*	long distance	3
尝(尝)	cháng(chang)	嘗(嘗)	*v.*	taste	4
场	chǎng	場	*mw.*	a measure word	7
抄写	chāoxiě	抄寫	*v.*	copy	17
超市	chāoshì	超市	*n.*	supermarket	5
吵架	chǎojià	吵架	*v.*	quarrel	18
车费	chēfèi	車費	*n.*	fare	5
称呼	chēnghu	稱呼	*v.*	call	12
成材	chéngcái	成材	*v.*	grow into timber	15

成绩	chéngjì	成績	n.	score	6
成为	chéngwéi	成爲	v.	become	12
吃惊	chījīng	吃驚	v.	amaze	16
迟到	chídào	遲到	v.	come late	11
出发	chūfā	出發	v.	leave	11
出来	chūlái	出來	v.	come out	10
除了	chúle	除了	prep.	except	8
传说	chuánshuō	傳説	n.	folktale	16
春节	Chūn Jié	春節	pn.	Spring Festival	9
春联	chūnlián	春聯	n.	couplet	9
次	cì	次	mw.	time	4
次数	cìshù	次數	n.	number of times	7
从	cóng	從	prep.	from	2
从来	cónglái	從來	adv.	ever	1
聪明	cōngming	聰明	adj.	clever	6
错	cuò	錯	adj.	wrong	17

打开	dǎkāi	打開	v.	uncap, open	4
打扫	dǎsǎo	打掃	v.	tidy up	5
打算	dǎsuan	打算	v.	plan	6
大班	dàbān	大班	n.	senior class	6
大大小小	dàdà-xiǎoxiǎo	大大小小	adj.	all	15
大学	dàxué	大學	n.	university	6
带	dài	帶	v.	bring, have	3
戴	dài	戴	v.	wear	18
担心	dānxīn	擔心	v.	worry	13
但是	dànshì	但是	conj.	but	4
倒	dào	倒	v.	upside down	9
倒霉	dǎoméi	倒霉	adj.	unlucky	17
到	dào	到	v.	to	2
到处	dàochù	到處	adv.	anywhere	5

道理	dàolǐ	道理	*n.*	reason	15
得	de	得	*part.*	a structural particle	1
得	dé	得	*v.*	receive	6
……的话	...de huà	……的話		if ...	16
等	děng	等	*v.*	wait	5
等	děng	等	*mw.*	a measure word	6
等	děng	等	*part.*	and so on	16
地	de	地	*part.*	a stuctural particle	17
地理	dìlǐ	地理	*n.*	geography	16
第	dì	第	*pref.*	(auxiliary word for ordinal numbers)	4
点菜	diǎncài	點菜	*v.*	order	4
电影	diànyǐng	電影	*n.*	movie	11
掉	diào	掉	*v.*	drop	17
定	dìng	定	*v.*	decide	11
东	dōng	東	*n.*	east	2
懂	dǒng	懂	*v.*	understand	11
读	dú	讀	*v.*	read	18
堵车	dǔchē	堵車	*v.*	traffic jam	11
锻炼	duànliàn	鍛煉	*v.*	take exercise	13
队	duì	隊	*n.*	team	7
对	duì	對	*prep./v.*	for; against	3、7
对面	duìmiàn	對面	*n.*	opposite	2
顿	dùn	頓	*mw.*	a measure word	8

饿	è	餓	*adj.*	hungry	15
儿子	érzi	兒子	*n.*	son	6
而且	érqiě	而且	*conj.*	but also	12
而是	érshì	而是	*conj.*	but	10

F

发	fā	發	v.	feel	13
发型	fàxíng	髮型	n.	hairstyle	14
发音	fāyīn	發音	n.	pronunciation	1
发展	fāzhǎn	發展	v.	develop	6
翻译	fānyì	翻譯	v.	interpret	11
饭店	fàndiàn	飯店	n.	restaurant	3
方便	fāngbiàn	方便	adj.	convenient	15
方面	fāngmiàn	方面	n.	kind	16
房间	fángjiān	房間	n.	room	3
放	fàng	放	v.	put down	3
肥皂	féizào	肥皂	n.	soap	5
费	fèi	費	n.	payment, fee	12
分钟	fēnzhōng	分鐘	mw.	minute	11
丰富	fēngfù	豐富	adj.	rich	18
封	fēng	封	mw.	a measure word	2
夫妻	fūqī	夫妻	n.	couple	18
服务台	fúwùtái	服務台	n.	reception	3
福	fú	福	n.	fu	9
福气	fúqi	福氣	n.	good luck	9
辅导	fǔdǎo	輔導	v.	tutor	12

G

该	gāi	該	v.	should	17
改	gǎi	改	v.	change	17
干	gān	干	adj.	rough	13
干杯	gānbēi	乾杯	v.	toast	4
赶	gǎn	趕	v.	follow	18
敢	gǎn	敢	v.	dare	1
感到	gǎndào	感到	v.	feel	7

感动	gǎndòng	感動	v.	move	1
感人	gǎnrén	感人	adj.	moving	1
感谢	gǎnxiè	感謝	v.	thank	3
刚才	gāngcái	剛纔	n.	just now	5
根据	gēnjù	根據	prep.	according	14
更	gèng	更	adv.	more	6
够	gòu	夠	v.	so	18
古	gǔ	古	adj.	old	15
故事	gùshì	故事	n.	story	16
拐	guǎi	拐	v.	turn	2
关心	guānxīn	關心	v.	care	13
关于	guānyú	關於	prep.	about	16
冠军	guànjūn	冠軍	n.	champion	16
光临	guānglín	光臨	v.	visit	14
广州	Guǎngzhōu	廣州	pn.	Guangzhou	10
国际	guójì	國際	n.	international	3
国庆节	Guóqìng Jié	國慶節	pn.	National Day	8
过	guo	過	v.	live	3
过路人	guòlùrén	過路人	n.	passerby	2

哈尔滨	Hā'ěrbīn	哈爾濱	pn.	Harbin	10
哈哈	hāhā	哈哈	onom.	haw-haw	7
《哈姆雷特》	"Hāmǔléitè"	《哈姆雷特》	pn.	*Hamlet*	18
海运	hǎiyùn	海運	n.	sea	2
汉字	Hànzì	漢字	n.	Chinese character	1
航空	hángkōng	航空	n.	air	2
好久不见	hǎojiǔ bú jiàn	好久不見		I haven't seen you for ages	3
好看	hǎokàn	好看	adj.	well	13
好像	hǎoxiàng	好像	adv.	seemingly	12
号码	hàomǎ	號碼	n.	number	12
盒	hé	盒	mw.	a measure word	5

《红楼梦》	"Hónglóumèng"	《紅樓夢》	pn.	A Dream of Red Mansions	18
红烧肉	hóngshāoròu	紅燒肉	n.	braised pork	4
互相	hùxiāng	互相	adv.	mutually	12
护照	hùzhào	護照	n.	passport	3
滑冰	huábīng	滑冰	v.	skate	7
化学	huàxué	化學	n.	chemistry	17
话	huà	話	n.	saying	15
坏	huài	壞	adj.	broken	10
欢迎	huānyíng	歡迎	v.	welcome	3
环境	huánjìng	環境	n.	environment	15
换	huàn	換	v.	change	18
回去	huíqù	回去	v.	back	15
活	huó	活	v.	live	6
获得	huòdé	獲得	v.	win	16

机场	jīchǎng	機場	n.	airport	3
吉利商厦	Jílì Shāngshà	吉利商廈	pn.	Jili Store	5
级	jí	級	n.	level	1
计划	jìhuà	計劃	v.	plan	8
记	jì	記	v.	remember	2
记下来	jì xiàlai	記下來		write down	12
纪念品	jìniànpǐn	紀念品	n.	souvenir	10
既	jì	既	adv.	either	8
寄	jì	寄	v.	mail	2
家长	jiāzhǎng	家長	n.	parent	6
家家户户	jiājiā-hùhù	家家戶戶		every family	9
减肥	jiǎnféi	減肥	v.	lose weight; on diet	13
剪	jiǎn	剪	v.	cut	14
检查	jiǎnchá	檢查	v.	check	6
简单	jiǎndān	簡單	adj.	simple	16
简直	jiǎnzhí	簡直	adv.	indeed	7

见面	jiànmiàn	見面	v.	meet	11
健康	jiànkāng	健康	n./adj.	health/healthy	4
奖学金	jiǎngxuéjīn	獎學金	n.	scholarship	6
教	jiāo	教	v.	teach	12
教师节	Jiàoshī Jié	教師節	pn.	Teacher's Day	8
教堂	jiàotáng	教堂	n.	church	12
教训	jiàoxùn	教訓	n./v.	lesson; give a lesson	17
教育	jiàoyù	教育	v./n.	educate; education	16
接	jiē	接	v.	meet	3
接待	jiēdài	接待	v.	receive, serve	14
节目	jiémù	節目	n.	performance	1
节日	jiérì	節日	n.	festival	8
节约	jiéyuē	節約	v.	economical	15
结果	jiéguǒ	結果	n.	result	7
进去	jìnqu	進去	v.	come in	11
经过	jīngguò	經過	v.	through	18
经理	jīnglǐ	經理	n.	manager	5
惊喜	jīngxǐ	驚喜	adj.	surprise	8
精彩	jīngcǎi	精彩	adj.	splendid	1
竟然	jìngrán	竟然	adv.	to one's surprise	7
酒	jiǔ	酒	n.	wine	4
旧	jiù	舊	adj.	old	18
举办	jǔbàn	舉辦	v.	hold	16
举行	jǔxíng	舉行	v.	hold	16
句	jù	句	n.	a measure word	15
剧院	jùyuàn	劇院	n.	theater	11

K

开始	kāishǐ	開始	v.	start	14
开演	kāiyǎn	開演	v.	perform	11
看法	kànfǎ	看法	n.	opinion	15
看来	kànlai	看來	conj.	seem	6

看起来	kàn qilai	看起來		look like	16
考	kǎo	考	v.	test	1
考试	kǎoshì	考試	n.	examination	1
可	kě	可	adv.	but	6
可是	kěshì	可是	conj.	but	2
可惜	kěxī	可惜	adj.	pity	10
肯定	kěndìng	肯定	adj.	sure	17
空儿	kòngr	空兒	n.	time	11
孔融让梨	Kǒng Róng Ràng Lí	孔融讓梨	pn.	Kong Rong giving up the bigger pear	16
哭	kū	哭	v.	cry	1
夸张	kuāzhāng	夸張	v.	overstate	14
快	kuài	快	adj.	fast	2
筷子	kuàizi	筷子	n.	chopsticks	15

辣子鸡	làzǐjī	辣子鷄	n.	spicy chicken	4
篮球	lánqiú	籃球	n.	basketball	7
浪费	làngfèi	浪費	v.	waste	15
浪漫	làngmàn	浪漫	adj.	romantic	8
老	lǎo	老	adj.	old	3
礼拜	lǐbài	禮拜	n.	religious service	12
礼物	lǐwù	禮物	n.	present	8
理发	lǐfà	理髮	v.	have a haircut	14
理发城	lǐfàchéng	理髮城	n.	beauty salon	14
理发师	lǐfàshī	理髮師	n.	hairdresser	14
历史	lìshǐ	歷史	n.	history	12
俩	liǎ	倆	num.	two	14
连	lián	連	prep.	even	17
联系	liánxì	聯繫	v.	get in touch	12
脸色	liǎnsè	臉色	n.	look	13
脸型	liǎnxíng	臉型	n.	facial appearance	14

凉	liáng	凉	*adj.*	cold	13
凉快	liángkuai	凉快	*adj.*	cool	10
了	liǎo	了	*v.*	indicating finality	3
了不起	liǎobuqǐ	了不起	*adj.*	great	1
零	líng	零	*num.*	zero	15
流	liú	流	*v.*	run down	13
流利	liúlì	流利	*adj.*	fluent	1
留	liú	留	*v.*	stay	10
旅行袋	lǚxíngdài	旅行袋	*n.*	travel bag	15
旅游	lǚyóu	旅遊	*v.*	visit	10

M

麻烦	máfan	麻煩	*adj.*	troublesome	6
马大哈	mǎdàhā	馬大哈	*n.*	a careless person	17
马虎	mǎhu	馬虎	*adj.*	careless	17
马上	mǎshàng	馬上	*adv.*	soon	11
嘛	ma	嘛	*part.*	a modal particle	5
满意	mǎnyì	滿意	*v.*	satisfy	14
慢	màn	慢	*adj.*	slow	2
毛病	máobìng	毛病	*n.*	shortcoming	17
毛巾	máojīn	毛巾	*n.*	towel	5
美国	Měiguó	美國	*pn.*	the United States	2
美丽	měilì	美麗	*n.*	beauty	14
门口	ménkǒu	門口	*n.*	door	11
米	mǐ	米	*mw.*	meter	2
苗条	miáotiao	苗條	*adj.*	slim	13
名	míng	名	*mw.*	a measure word	6
名著	míngzhù	名著	*n.*	masterpiece	18
明年	míngnián	明年	*n.*	next year	9

N

拿	ná	拿	*v.*	take	15
哪里	nǎli	哪里	*pron.*	just so so	1
南	nán	南	*n.*	south	5
难	nán	難	*adj.*	hard	1
难过	nánguò	難過	*adj.*	sorry	7
难受	nánshòu	難受	*adj.*	uncomfortable	13
年级	niánjí	年級	*n.*	grade	6
年龄	niánlíng	年齡	*n.*	age	12
年轻	niánqīng	年輕	*adj.*	young	14
纽约	Niǔyuē	紐約	*pn.*	New York	2
农历	nónglì	農曆	*n.*	lunar calendar	8

O

| 噢 | ō | 噢 | *interj.* | oh | 2 |

P

怕	pà	怕	*v.*	afraid	11
排队	páiduì	排隊	*v.*	stand in a line	17
胖	pàng	胖	*adj.*	fat	13
跑步	pǎobù	跑步	*v.*	jog	7
配	pèi	配	*v.*	match	14
批评	pīpíng	批評	*v.*	criticize	17
啤酒	píjiǔ	啤酒	*n.*	beer	4
票	piào	票	*n.*	ticket	11
乒乓球	pīngpāngqiú	乒乓球	*n.*	table tennis	7
瓶	píng	瓶	*mw.*	bottle	4
葡萄紫色	pútáo zǐsè	葡萄紫色		greyish purple	14

Q

妻子	qīzi	妻子	*n.*	wife	3
齐	qí	齊	*adj.*	ready	4
奇怪	qíguài	奇怪	*adj.*	strange	9
起	qǐ	起	*v.*	start	15
气	qì	氣	*n.*	breath	13
千手观音	Qiān Shǒu Guānyīn	千手觀音	*pn.*	Thousand-hand Kwan-yin	1
千万	qiānwàn	千萬	*adv.*	be sure to	12
巧克力	qiǎokèlì	巧克力	*n.*	chocolate	8
清楚	qīngchu	清楚	*adj.*	clear	10
情人节	Qíngrén Jié	情人節	*pn.*	Saint Valentine's Day	8
庆贺	qìnghè	慶賀	*v.*	congratulate	16
球	qiú	球	*n.*	ball	7
球迷	qiúmí	球迷	*n.*	fan	7
全	quán	全	*adj.*	whole	8
确实	quèshí	確實	*adv.*	really	14

R

然后	ránhòu	然後	*adv.*	then	3
染	rǎn	染	*v.*	dye	14
热闹	rènao	熱鬧	*adj.*	bustling	9
认为	rènwéi	認爲	*v.*	think	10
日子	rìzi	日子	*n.*	date	8
容易	róngyì	容易	*adj.*	easy	1
如果	rúguǒ	如果	*conj.*	if	3

S

《三国演义》	"Sānguóyǎnyì"	《三國演義》	*pn.*	*Three Kingdoms*	18
嗓子	sǎngzi	嗓子	*n.*	throat	13

沙伦	Shālún	沙倫	pn.	Sharon	3
商量	shāngliang	商量	v.	consult, discuss	12
商品	shāngpǐn	商品	n.	goods	5
赏	shǎng	賞	v.	admire	8
上海	Shànghǎi	上海	pn.	Shanghai	10
上学	shàngxué	上學	v.	go to school	6
稍	shāo	稍	adv.	just	14
设计	shèjì	設計	v.	design	14
射门	shèmén	射門	v.	shoot	7
身体	shēntǐ	身體	n.	body	4
生活	shēnghuó	生活	n.	life	4
生气	shēngqì	生氣	v.	angry with	17
圣诞节	Shèngdàn Jié	聖誕節	pn.	Christmas	9
十年树木	shí nián shù mù	十年樹木		a tree takes ten years to grow into useful timber	15
十字路口	shízì lùkǒu	十字路口		crossroads	2
时髦	shímáo	時髦	adj.	fashionable, trendy	18
适合	shìhé	適合	v.	be perfect	14
收	shōu	收	v.	receive	2
手机	shǒujī	手機	n.	cellphone	12
受	shòu	受	v.	bear	13
瘦	shòu	瘦	adj.	thin	13
书呆子	shūdāizi	書獃子	n.	bookworm	18
输	shū	輸	v.	lose	7
暑假	shǔjià	暑假	n.	summer vacation	10
树木	shùmù	樹木	n.	tree	15
数学	shùxué	數學	n.	math	12
双人间	shuāngrénjiān	雙人間	n.	double room	3
水平	shuǐpíng	水平	n.	level	1
说	shuō	說	v.	speak	1
松子玉米	sōngzǐ yùmǐ	松子玉米		stir fried pine nuts and sweet corn	4
送	sòng	送	v.	take...to	6

塑料袋	sùliàodài	塑料袋	n.	plastic bag	15
算	suàn	算	v.	count	12
虽然	suīrán	雖然	conj.	although	7
随便	suíbiàn	隨便	adj.	free	4

T

烫	tàng	燙	v.	have a perm	14
趟	tàng	趟	mw.	a measure word	5
提	tí	提	v.	mention	10
提醒	tíxǐng	提醒	v.	remind; give clues	8
甜	tián	甜	adj.	sweet	4
贴	tiē	貼	v.	paste	2
铁杆儿	tiěgǎnr	鐵杆兒	adj.	big, great	7
通	tōng	通	v.	open	13
同事	tóngshì	同事	n.	colleague	18
同意	tóngyì	同意	v.	agree	15
头	tóu	頭	n.	head	14
团聚	tuánjù	團聚	v.	reunite	8

W

外国	wàiguó	外國	n.	foreign	2
完	wán	完	v.	use up	5
晚	wǎn	晚	v.	late	11
晚会	wǎnhuì	晚會	n.	party	1
往	wǎng	往	prep.	to	2
忘	wàng	忘	v.	forget	2
望	wàng	望	v.	look over	18
为	wèi	爲	prep.	to	4
卫生	wèishēng	衛生	adj.	sanitary	15
味道	wèidào	味道	n.	flavor	4
文化	wénhuà	文化	n.	culture	10

| 午饭 | wǔfàn | 午飯 | *n.* | lunch | 15 |
| 舞蹈 | wǔdǎo | 舞蹈 | *n.* | dance | 1 |

X

西部	xībù	舞蹈	*n.*	west	6
西方	xīfāng	西方	*n.*	occident, west	9
《西游记》	"Xīyóujì"	《西遊記》	*pn.*	*A Journey to the West*	18
希望	xīwàng	希望	*v.*	hope	12
习俗	xísú	習俗	*n.*	custom	9
洗	xǐ	洗	*v.*	wash	5
喜事	xǐshì	喜事	*n.*	happy event	16
先生	xiānsheng	先生	*n.*	sir	4
鲜花	xiānhuā	鮮花	*n.*	flower	8
显得	xiǎnde	顯得	*v.*	look	14
相信	xiāngxìn	相信	*v.*	believe	1
向	xiàng	向	*prep.*	from	15
象棋	xiàngqí	象棋	*n.*	Chinese chess	16
消息	xiāoxi	消息	*n.*	news	16
小吃店	xiǎochīdiàn	小吃店	*n.*	snack bar	15
小姐	xiǎojiě	小姐	*n.*	Miss	4
效果	xiàoguǒ	效果	*n.*	effect	14
写	xiě	寫	*v.*	write	1
心情	xīnqíng	心情	*n.*	mood	16
信	xìn	信	*n.*	letter	2
行李	xíngli	行李	*n.*	luggage	3
行为	xíngwéi	行爲	*n.*	behavior	15
幸福	xìngfú	幸福	*adj.*	happy	4
性	xìng	性	*n.*	nature	15
选择	xuǎnzé	選擇	*v.*	choose	14
学期	xuéqī	學期	*n.*	term	6
学问	xuéwèn	學問	*n.*	knowledge	18

Y

压岁钱	yāsuìqián	壓歲錢	*n.*	gifts of money	9
呀	ya	呀	*part.*	a modal particle	18
牙膏	yágāo	牙膏	*n.*	toothpaste	5
牙刷	yáshuā	牙刷	*n.*	toothbrush	5
研究	yánjiū	研究	*v.*	discuss	16
研究生	yánjiūshēng	研究生	*n.*	graduate student	6
眼镜	yǎnjìng	眼鏡	*n.*	glasses	18
眼泪	yǎnlèi	眼淚	*n.*	tear	13
阳光	yángguāng	陽光	*n.*	sunshine	10
要紧	yàojǐn	要緊	*v.*	matter	13
要求	yāoqiú	要求	*n./v.*	request; ask	12
要是	yàoshì	要是	*conj.*	if	18
一边	yìbiān	一邊	*adv.*	as well as	8
一会儿	yíhuìr	一會兒	*n.*	a moment	14
一样	yíyàng	一樣	*adj.*	same as	9
一直	yìzhí	一直	*adv.*	always	6
衣服	yīfu	衣服	*n.*	clothes	5
医院	yīyuàn	醫院	*n.*	hospital	2
以	yǐ	以	*prep.*	as	7
以外	yǐwài	以外	*n.*	besides	8
艺术	yìshù	藝術	*n.*	art	6
意大利	Yìdàlì	意大利	*pn.*	Italy	7
意思	yìsī	意思	*n.*	meaning	9
意义	yìyì	意義	*n.*	meaning	16
饮料	yǐnliào	飲料	*n.*	soft drink	4
营业员	yíngyèyuán	營業員	*n.*	clerk	2
赢	yíng	贏	*v.*	win	7
用品	yòngpǐn	用品	*n.*	article	5
邮局	yóujú	郵局	*n.*	post office	2
邮票	yóupiào	郵票	*n.*	stamp	2

友谊	yǒuyì	友誼	n.	friendship	4
有意思	yǒu yìsi	有意思	adj.	interesting	9
幼儿园	yòu´éryuán	幼兒園	n.	kindergarten	6
语法	yǔfǎ	語法	n.	grammar	1
元	yuán	元	mw.	yuan	2
原来	yuánlái	原來	adv.	so	12
月	yuè	月	n.	moon	8
月饼	yuèbǐng	月	n.	moon cake	8
钥匙	yàoshi	鑰匙	n.	key	3
越来越	yuè lái yuè	越來越		more and more	13
运	yùnqi	運	n.	luck	7

糟糕	zāogāo	糟糕	adj.	too bad	10
丈夫	zhàngfu	丈夫	n.	husband	3
找	zhǎo	找	v.	change	2
照	zhào	照	v.	take	10
照顾	zhàogù	照顧	v.	care	3
照相机	zhàoxiàngjī	照相機	n.	camera	10
这儿	zhèr	這兒	pron.	here	2
这些	zhèxiē	這些	pron.	these	15
证件	zhèngjiàn	證件	n.	credential	3
之后	zhī hòu	之後		after	17
之间	zhī jiān	之間		between	18
枝	zhī	枝	mw.	a measure word	8
知识	zhīshi	知識	n.	knowledge	18
值得	zhídé	值得	v.	worth	5
中奖	zhòngjiǎng	中獎	v.	win prize	17
中秋节	Zhōngqiū Jié	中秋節	pn.	Mid-autumn Festival	8
中外	zhōng-wài	中外	n.	Chinese and foreign	18
中心	zhōngxīn	中心	n.	center	10
中学	zhōngxué	中學	n.	middle school	6

重要	zhòngyào	重要	*adj.*	important	9
主意	zhǔyi	主意	*n.*	idea	10
住	zhù	住	*v.*	have	2
注意	zhùyì	注意	*v.*	take care	13
祝	zhù	祝	*v.*	wish	4
追求	zhuīqiú	追求	*v.*	run after	8
着	zháo	着	*v.*	a suffix	5
着	zhe	着	*part.*	a dynamic particle	6
着急	zháojí	着急	*adj.*	anxious, worried	11
仔细	zǐ xì	仔细	*adj.*	careful	17
走	zǒu	走	*v.*	go/walk	2
最	zuì	最	*adv.*	most	1
作业	zuòyè	作業	*n.*	homework	6
做梦	zuòmèng	做夢	*v.*	daydream	17